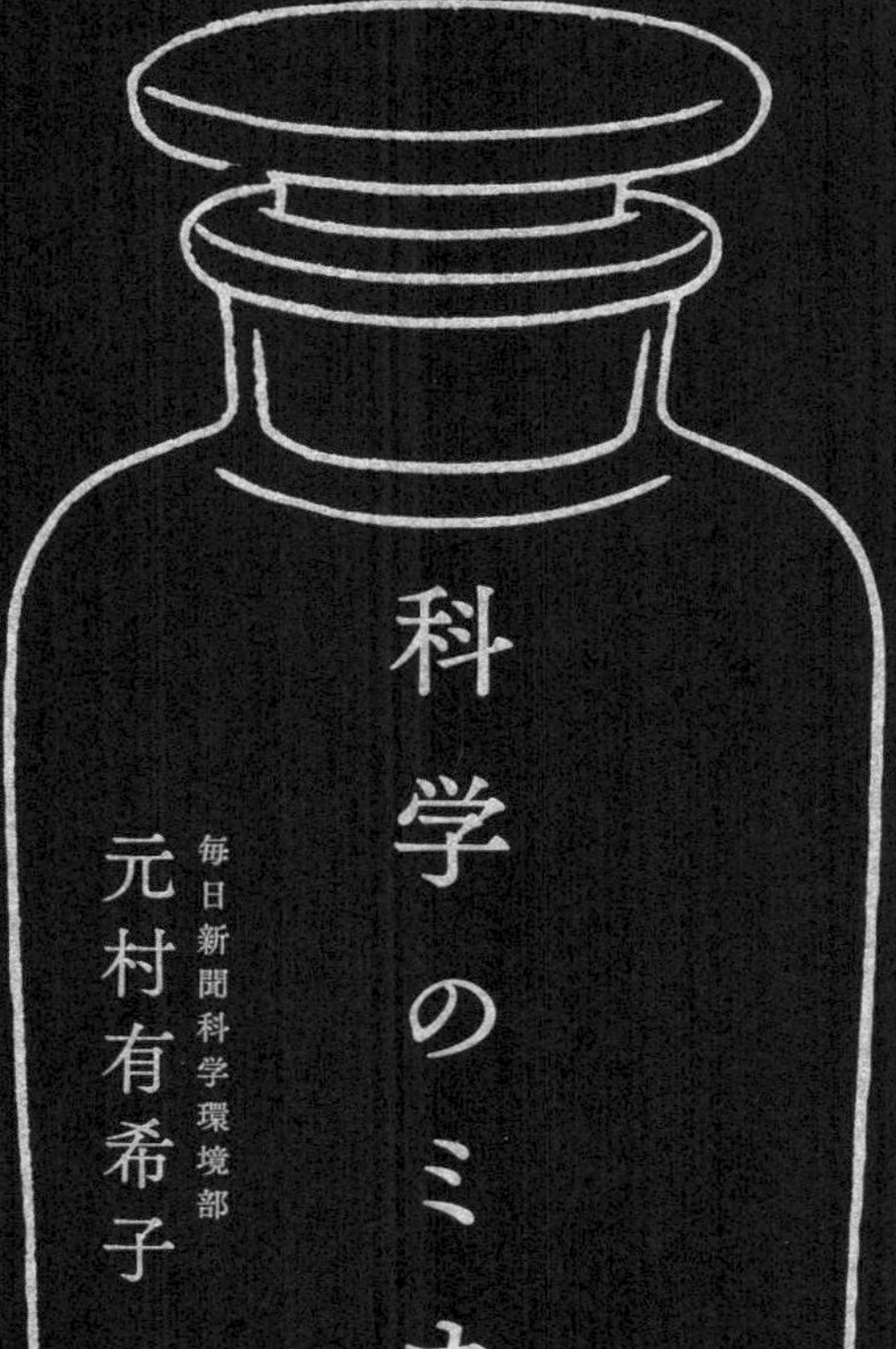

科学のミカタ

毎日新聞科学環境部
元村有希子

毎日新聞出版

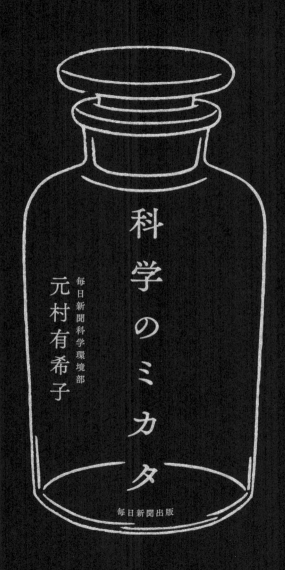

はじめに

もくじを見て「なんで科学の本なのに古文なのか？」と首をかしげておられる方が多いと思うので、あらかじめ説明しておきたい。

2017年秋、ある日の明け方のことである。ある人物が私の夢枕に立った。なぜか、清少納言であった。なんでやねん！（と自分ツッコミ）。

春に亡くなった父とか、初恋のあの人とかならまだしも、なぜ清少納言。十二単とか、平安美人の条件といわれる「ひきめかぎばな」とか具体的な姿形は覚えていないが、私は夢の中で確かに彼女から言葉を聞いた（気がした）のだ。理由はいまだに分からない。

彼女の代表作である「枕草子」を読み返してみた。「春はあけぼの。やうやう白くなりゆく山ぎは……」から始まる文章を高校時代に暗唱させられた人は多いだろう。描かれているのは平安貴族の美意識と世界観、宮中のきらびやかな日々。若き皇后にかしづいたエリート女性が何を美しいと思い、何を好み、どんな会話を楽しんでいたかを思うままにつづったこの作品は、「日本最古のエッセイ集」と呼ばれている。

古文の授業では「をかし」という形容詞について繰り返し教わった記憶しかないが、大人になって再読すると、まあこの清少納言という女性、一言では片付けられない魅力を持っているのである。

この作品は「○○なもの」というお題で書かれた文章が半分近くを占めるが、たとえば「にくきもの（憎らしいもの）」には彼女のセンスがよくあらわれている。

忙しい時にやってきて長話をする客。寒い日、火鉢に手のひらを近づけてシワを伸ばしたり、時には足までこすりつけたりする無礼な年寄り。人の噂話ばかりする人、知ったかぶりのおしゃべりな人、寝入りばなに飛んできて顔のまわりを飛び回る蚊。たまたま遊びに来たのでちやほやすると、調子に乗ってたびたび遊びに来ては家具などをいじり回す子ども。大きな音を立てて戸を開け閉めする人、開けた戸を閉めない人。ところかまわずくしゃみをし、その後におまじないを唱える人。

いるでしょう。今の世の中にもこんな人たちが。彼女の筆は、自分の美学に反する物事や人の振る舞いを観察し、ここぞとばかりにけなしてみせる。

そうかと思えば、自分が仕える お后（中宮定子）に、いかに信頼され重宝がられているかを示すエピソードや、自分の部屋に夜な夜な通ってくる宮中の男性たちとの恋のかけひきも、時にあっけらかんと、時にユーモラスにつづる。

今の世を生きるアラフィフ独身女としては「そうそう！　そうなの！」「あるある〜」と共感することしきりなのだ（ちなみに枕草子を書いた当時の清少納言は推定30代半ば。かなりトウがたっているという意味では私と同じ）。コラムニストは、見聞きしたことを一つの思想で咀嚼し、言葉にし、そこから世相や時代を浮かび上がらせるプロだが、1000年の時を超えても清少納言の感性はまったく古びていない。

調べてみて驚いたのだが、巷間言われる彼女の生年は966年。私はちょうど1000年後に生まれている。彼女がバツ一だったことも初めて知った。親に勧められるまま16歳で結婚するが、夫のガサツさにへきえきして出産後に離婚。しばらく実家で過ごし、時の天皇（一条天皇）の若い后に宮仕えするのは27歳になってからである。酸いも甘いもかみわけた年増のエリート女性は、その博識と経験と機転をいかんなく発揮し、宮中でキャリアを積んだ。男性にもかなりモテたようだ。

彼女は四季のうつろいと自然を見つめる観察者でもある。「星は」「木の花は」「草の花は」「鳥は」などの段は、読者に情景が浮かんでくるような描写が際立つ。きちんと整えられた景色よりも、茂るに任せた野草や雨に濡れた草花、太陽より月に照らされた風景を美しいと感じる感性には、今でいう〝Sense of wonder〟を感じる。劇作家の田中澄江は著書『枕草子』（講談社）の中で、「平安の古典の中で、『枕草子』ほど、多くの動植物の名のあげられたものはないと思う」と、彼女の自然に対する関心の強さを指摘している。

実は高校時代、古文の女性教師から「元村さんは清少納言みたいよ」と言われたことがある。ちょっと成績がよくて、作文の課題を出せば大人びたものを書いてくる、そして、同級生の男子の気を引いたかと思えば、ぎゃふんとやりこめる、そんな振る舞いが「清少納言的」だったということかしら。

だからといって彼女が夢枕に立つものかしらと不思議ではあるが、こうなったからには、彼女のエッセイ集「枕草子」にならって、科学のあれこれを見つめてみるのも悪くないなと思い始めた。

「枕草子」の由来には諸説ある。彼女自身がつづった文章によれば、中宮定子からある日、たくさんの草子（ノート）をたまわった。当時、紙はたいへん貴重であった。「天皇は『史記』を書き写させたそうよ。あなたならどう使うの？」と聞かれた清少納言は、とっさに「しき？　敷物より枕でございましょう！」と答えたとか。実際には、「敷物」の古語である「しきたへ」とかけて、これが枕詞としてかかる「枕」はいかが？　と当意即妙に提案したのだろう。

ともあれ彼女は、このノートに、見たこと、聞いたこと、心に浮かんださまざまなことをつづっていった。書き上げた作品を「とりとめもないけれど、つまらないものでもない」

と半ば謙遜し、半ば自賛している。

科学記者として20年近く、科学技術や環境問題をウォッチしてきた。「へえ」と感心はするもののやがて忘れていくもの、心のどこかに引っかかり続けるもの、聞いた途端に心がザワつくもの、逆に心がときめいて、もっと知りたいと思うもの。いろんなテーマと出会った。

それらを、本来のジャンルにこだわらず、清少納言風に「とりとめもなく書き散らかして」みたのがこの本である。

科学のミカタ　もくじ

III

おぼつかなきもの

心がザワつく、気がかりな話

IV

とくゆかしきもの

早く知りたい、もっと知りたい

V 近うて遠きもの、遠くて近きもの――生きること、死ぬこと

I

こころときめきするもの

どきどき、わくわく

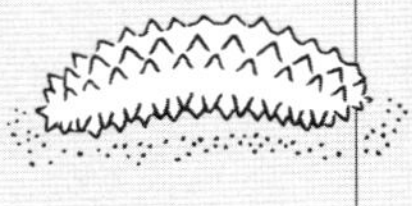

【心悸する物】
(予想・期待で)胸がどきどきすること。

最近、ドキドキしてますか？

婚活ガイドの書き出しみたいになってしまった。私は一週間に一度ぐらいドキドキしている。

私が勤めている新聞社では、紙面審査委員会という独立組織があり、数人のベテラン記者が目を皿のようにして毎日、新聞各紙を読み比べている。狙いはもちろん、紙面の品質向上である。

そのうえで、この記事はわかりづらい、この点の書き込みが不十分だ、ちなみにA新聞はこう書いていて分かりやすい、Y新聞の図解は的確だ、などと細かい指摘を、毎週金曜に開かれる会議にかけるのである。

そこには各出稿部の部長（私も）が顔を並べる。前日に公表された書面（うちわでは「起訴状」と呼ばれている）に自分の部署の記事があれば、衆人環視の中、弁明しなくてはならない。

反省すべきは反省し、反論すべきは反論する。起訴状を開く時のドキドキ感は、精神衛生上、決していいものではない。

その代わり、それが終わって週末がやってくると、「いいドキドキ」を経験することにしている。芝居を見たり、少しぜいたくな食事をしたり、運気が上がりそうなアクセサリーを買ったり、スーパー銭湯でのんびりしたり。まあ、自分へのごほうびだ。

清少納言は、天皇のお后に使える女房であった。宮仕えの身、気の張ることも多かっただろう。枕草子の「こころときめきするもの」で彼女は「よい香をたいて独りで横になっている時」と書いている。

日差しをカーテン越しに浴びながら、部屋にアロマをたき、ソファで横になっているのは、私にとってもごほうびの一つである。現代の女性に通じるものがある。

「髪を洗い、化粧をして、香をたきしめた着物を着た時は、見ている人がいなくても心が弾む」とも書いている。分かる、分かる。彼女がもしもこの二十一世紀に生きていたら、さぞかし、いろんなことに心をときめかせていたんだろうと想像する。

そして私は、私がときめいた科学の話題を、彼女に話して聞かせたいと思う。

平安京とオーロラ

清少納言が暮らした京の都に、なんとオーロラが出現したらしい。ただし鎌倉時代のことである。

オーロラは、太陽から噴き出す「太陽風」が引き起こす。強いエネルギーを持った太陽風が、1億5000万キロ離れた地球に届き、地球の磁気に引き寄せられて、大気中の粒子との摩擦で赤色や緑色に光る。エネルギーの強さや分布状況によって色や形はさまざまだが、まるで巨大なカーテンが空でひらひら揺れているように見える。

極地か高緯度地域でなければ見られない、というのが常識だが、鎌倉時代に活躍した歌人・藤原定家の日記「明月記」には、建仁4年正月に起きた「赤気《せっき》」と呼ばれる天文現象の様子が記されている。西暦では1204年2月のことだ。

国立極地研究所などのチームによる現代語訳から。

燭台に燈をともす頃（日が暮れてから）、北及び東北の方向に赤気が出た。その赤気の根元のほうは月が出たような形で、色は白く明るかった。その筋は遠くに続き、遠くの火事の光のようだった。白気《はっき》（白いところ）が4、5箇所あり、赤い筋が3、4筋出た。それは雲ではなく、雲間の星座でもないようだ。光が少しも翳ることのないままに、このような白光と赤光とが入り交じっているのは、不思議な上にも不思議なことだ。恐るべきことである。

この2日後にも赤気は現れた。定家は「それは山の向こうに起きた火事のようだった。重ね重ねとても恐ろしい」とつづる。

チームはこれをオーロラと推定した。片岡龍峰・国立極地研究所准教授らは、過去二千年間の地磁気を詳しく調べ、オーロラの出方に影響を与える地磁気の軸の傾きを推計した。その結果、1200年ごろの軸は、現在とは逆に日本列島側に傾いており、過去二千年で最もオーロラが出現しやすい状態だった。

当時は太陽の活動が活発で、オーロラの発生に適していたことも分かった。中国の歴史書「宋史」の1204年2月の記録には、「太陽の中に黒点があり、ナツメのように大きい」と書かれている。

樹齢一千年を超える屋久杉などの年輪に残る太陽活動の痕跡と照らし合わせた結果も同様。オーロラが観測された年と太陽活動が活発だった年が、ほぼ一致したという。

京都でオーロラ。夢のような話である。ただ、当時の人々にとってオーロラはむしろ、不吉なことの前ぶれだった。定家も「恐ろしい」と繰り返している。何の前触れもなく、真っ暗な夜空が突然明るくなったり色が変化したりするのだ。物の怪か、鬼か、あるいは神が怒って天罰を下すのだと考えても不思議はない。

日食や月食だって、今でこそ待ち構えて見物したりしているが、当時はとても恐れられた。ほうき星（彗星）も同様だった。

枕草子に、「星はすばる」で始まる段がある。彼女は流れ星を挙げ、それを評価する一方で、「しっぽがなければもっとよいのに」と続けている。これは、彗星を不吉の象徴と考えていたからだろう。

チバニアン

京都の空にオーロラをもたらした地磁気は、宇宙からやってくる有害な放射線から私たちを守るバリアとしても機能している。

この地磁気が、この先さらに注目を集めそうだ。きっかけは「チバニアン」。ラテン語で「千

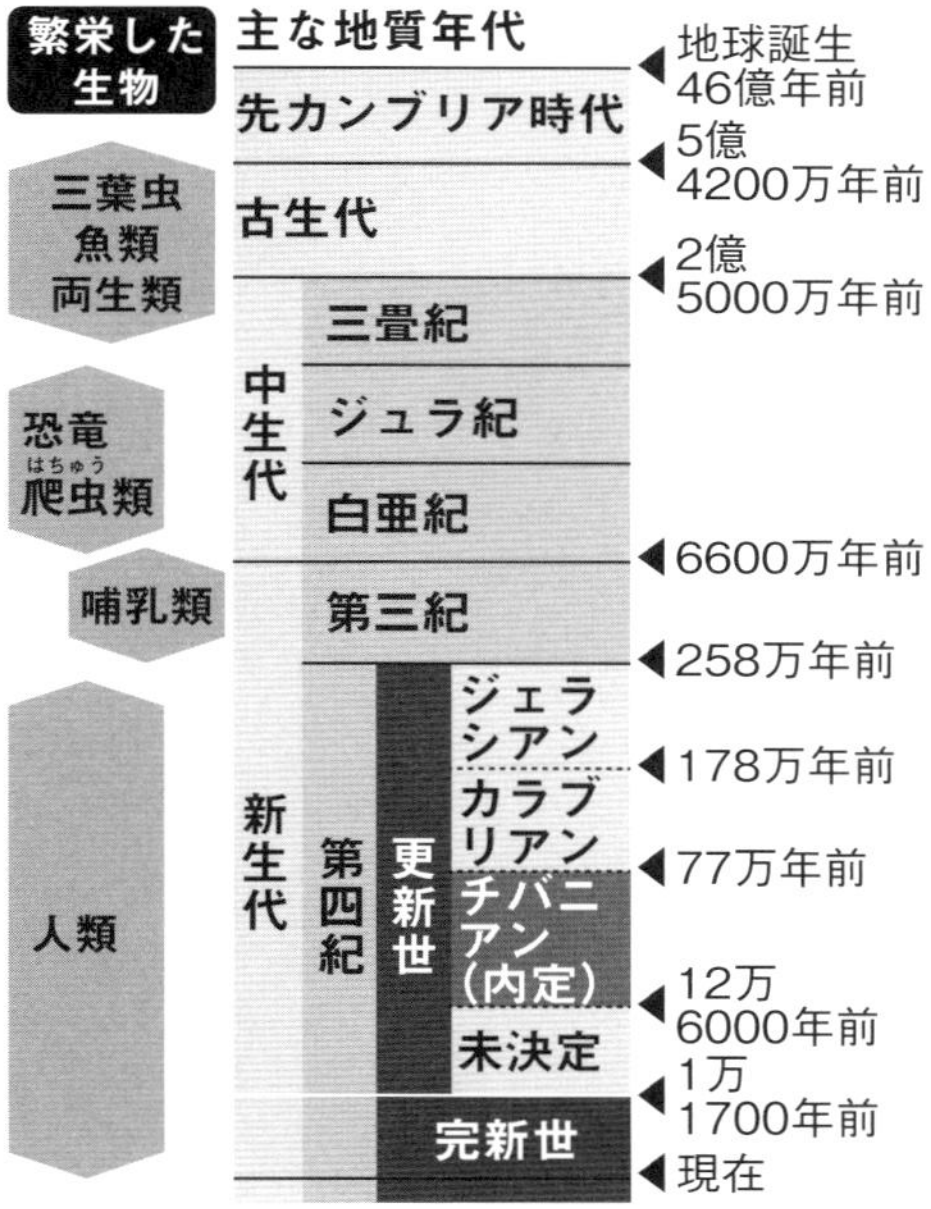

葉時代」という意味で、地球の77万年前〜12万６０００年前を、こう名付けようと国際地質科学連合が検討しているのだ。

なぜ千葉か、なぜ地磁気かという前に、地球の歴史を振り返ってみよう。

地球は46億年前に誕生した。さまざまな偶然が重なって生命が生まれ、進化し、あるものは絶滅し、あるものは生き延びた――と簡単に書いてみたが、これは地質学、考古学、古生物学、古気象学といったさまざまな分野の専門家たちが地質を丹念に調べ、化石や気候変動の痕跡を一つ一つ掘り出しては特定し、議論し、起きた順番に並べたり並べ変えたり、気の遠くなるような地道な作業を積み重ねた努力の結晶である。なにしろテキは46億年。長すぎて一筋縄ではいかないのである。

スケール感がつかめない人のために、46億年を1年に縮めてみる。地球誕生が1月1日午前0時だとすると、生命誕生は3月29日。あら。まるまる3カ月間、地球はゴタゴタしていたというわけね。

古生物界のアイドル・三葉虫が登場するのは11月に入ってからだ。11月27日に魚類、12月4日に両生類、12月15日には恐竜が出現。結構バタバタ。ほ乳類の登場は恐竜絶滅後の12月28日。もう仕事納めだし！　大掃除しなきゃなんないし！

そして、我々ホモ・サピエンスが登場するのは、ななな んと、大みそかの午後11時37分ごろ。除夜の鐘つきに行っちゃいますよ。そしてキリストが誕生するのは、年が改まる14秒前。なんてこった。地球の支配者よろしく大きな顔をしている人間も、地球の歴史では圧倒的に「新入り」ではないか。もっとも、紅白歌合戦で11時37分といえば、紅組・和田アキ子、白組・北島三郎クラスですけどね。あ、お二人とも「紅白」は引退でしたね、すみません。

さて、チバニアンである。

「千葉時代」に該当する期間（77万年前〜12万６０００年前）は、地球史カレンダーでいえば12月31日、地質年代では「新生代」の「第四紀」の「中期更新世」という時期にあたる。理科年表や図鑑などで地質年代を調べると、「三畳紀」「ジュラ紀」「白亜紀」などおなじみの名前が出てくるが、専門家たちはいま、これらをさらに細かく１１５に区分し、化石や気候変動など、それぞれの時期の特徴をもっともよく表す地層にちなんで名付ける作業を進めている。チバニアンは、千葉県市原市に実在する地層にちなんだネーミングで、目下、69番目に名付けられそうな最有力候補なのだ。

千葉県の森田健作知事は「千葉の魅力を世界に向けて発信できる絶好の機会」と歓迎。現場には、地質ファンやら歴史ファンやら物見遊山やら大勢の人が押しかけている。とはいえ、そこにあるのは地層だけ。どこがどうスゴイのか、素人目にはわからない。それでも地元は最寄り駅からシャトルバスを出したり、パンフレットを配ったりとムードは盛り上がる一方だという。

いったい何がスゴイんですか？　この地層一筋（ではないけど）30年、という茨城大学の岡田誠教授に聞いてみた。岡田教授はこの地層のスゴさを科学的に裏付け、世界の舞台に押し上げた立役者の1人である。

説明によると、この地層はもともと海底だったのが、プレート運動によりものすごい勢いで隆起して陸地に現れた。したがって地層は海の生物の死骸を化石として含む。それだけでも貴重なのだが、中でも大きさ0・1ミリほどのプランクトンの化石に含まれる酸素の同位体を調べることで、当時の海の海水温や気候まで推測できるという。

さらにこの地層は、地磁気が逆転した痕跡を残している。砂鉄の磁性を調べると、時とともに少しずつ向きを変え、5000年ほどかけてN極とS極が入れ替わっていた。しかもこの地層が示す77万年前の地磁気逆転はもっとも新しい。国際地質科学連合は「最新の地磁気逆転を時代の境界にする」と決めており、「動かぬ証拠」が千葉にはあるのだ。

このように、地質に残された地磁気の歴史を調べ、波瀾万丈な地球の歴史を検証し、これから起きることを予測する学問こそが、岡田教授の専門とする「古地磁気学」というわけだ。

実は、千葉以外にも「我こそは」と立候補した地層がイタリアに2カ所あり、選定作業は3者の争いになった。

に3回の審査が控える。２０１７年秋の第1回投票では、千葉が15票中11票を集めて圧勝。今後さらは千葉だけ。でも、ここから先は科学だけでなく政治も絡みます」と岡田教授。

「①地磁気逆転②海洋化石③花粉化石、という証拠を完璧にそろえるの

まるで世界遺産登録をめぐる競争のようだが、際限なく増える世界遺産よりも希少価値は高い。「理科の教科書にチバニアンが載れば、地学に関心を持つ若者が増えるかもしれません」と岡田教授は期待に胸をふくらませる。

確かに、高校で地学を選択する生徒は極めて少ない。だけどこうしてロマンにあふれる話を聞けば、「地味だ」なんて片付けていた地層が、輝いて見えてきそうではないか。

ニホニウム

「チバニアン」が正式に認定されれば、地質年代に日本の地名が載るのは初めてという。2015年には元素周期表に日本の国名が載ることが決まったし、おめでた続きだ。

113番元素「ニホニウム」。2004年、「新しい元素を合成した」という理化学研究所の発表を聞いて心をときめかせた私としては、11年越しの朗報であった。

元素とは何か。「元」も「素」も「もと」という意味。あらゆるものを作っている「材料」である。私の体も、家も、木も、太陽も、ダイヤモンドも、この世のものはすべて元素の組み合わせによってできている。軽く気が遠くなる。

さらにびっくりなのは、その元素はわずか100種類ほどしかないということ。たとえば水は、水素という元素と酸素という元素でできているし、地球温暖化の原因とされる二酸化炭素は、酸素と炭素が結びついたものだ。

私たちの体は、酸素、炭素、水素の4種類だけで、重さの93%を占めるのだそうだ。

もっとも、113番元素は自然界には存在しない。理研の森田浩介さん（現在は九州大学教授）らが、亜鉛とビスマスの原子を、秒速3万キロメートルというこれまた気が遠くなるような猛スピードで衝突させて作り出した。存在できるのは、たった0・002秒。こんな複雑な経緯もあり、本当に新しい元素なのかを調べるのに、長い時間がかかった。

2300年前の哲学者アリストテレスは、「世界は火、空気、水、土の4種類からできている」と予想した。当たらずといえども遠からず。時が過ぎ、約300年前になってようやく、現在の考え方に基づく元素が次々と発見された。それでも「知らない元素がまだあるはずだ」と考える科学者たちが、こうして新元素を探している。

元素の多くは「○○ウム」という名前だ。ヘリウム、リチウム、カルシウム、アルミニウム……。水素も、学問の世界の共通語であるラテン語では「ハイドロジェニウム」。うむ。「○○」に当たる部分はというと、多くはその元素のゆかりの地名である。ガリウムは、発見者が生まれたフランスの古い呼び名「ガリア」、ユウロピウムはヨーロッパ、アメリシウムはアメリカ、といった具合だ。

同じくらい多いのが、有名な科学者から名前をもらう例。これはニホニウム同様、自然界に存在しないものが多い。

アインスタイニウム（アインシュタイン）、レントゲニウム（レントゲン）、ノーベリウム（ノーベル賞を創設した化学者ノーベル）、キュリウム（キュリー夫人）、メンデレビウム（元素の「周期表」を作ったメンデレーエフ）などなど。

さて、113番元素。命名権は、作り出した理研が持っていた。すぐに思いつくのが、日本にちなんだニッポニウムあるいはジャポニウム。しかしニッポニウムは約百年前、ある日本人科学者が発見したと発表し、後に間違いだったと分かったという因縁があり、「ニホニウム」に落ち着いた。

竜巻博士――ミスタートルネード

日本にちなむ名前がついた世界基準はほかにもある。

地震の規模を示す「カナモリスケール（モーメントマグニチュード）」は1979年、地震学者でカリフォルニア工科大学の金森博雄名誉教授が提唱した。「フジタスケール」は、竜巻の威力を7階級で表したものさしで、生みの親は、気象学者の藤田哲也・シカゴ大学名誉教授（1920〜1998）。実は私は藤田博士と同郷なのである。

藤田博士は福岡県企救郡（現・北九州市小倉南区）で生まれた。私が卒業した県立小倉高校の前身、小倉中学を卒業して地元の大学へ進み、理科教師として教壇に立った。

そこで、研究の虫が騒ぎ出す。大学での専攻は機械工学だったが、ほぼ独学で気象解析を学び、英語で書いた論文を米国の権威に送ったことから道が開けた。33歳で渡米。シカゴ大学に拠点を置き、竜巻のメカニズム解明に挑んだ。

その過程で生み出したのが、フジタスケールである。51歳での仕事だ。

アメリカで有名になった日本人は、祖国でも有名になることが多いのだが、藤田博士は数少ない例外だった。日本では滅多に起きない竜巻の研究者という事情もあったかもしれない。

さらに、藤田博士の名声を不動のものにした業績が、「ダウンバースト」と呼ばれる、爆発的な下降気流の発見だった。

当時、米国では航空機が着陸直前や離陸直後に突然失速し、滑走路にたたきつけられるように墜落する事故が起きていた。多くの死傷者を出した一連の事故の原因解明を、藤田博士が引き受けたのは55歳の時。綿密な観察と分析を通して、藤田博士は未知の現象をダウンバーストと名付けて提唱した。

新しすぎて、学界からは批判され、異端視された。それでも藤田博士はめげなかった。数年がかりで、ダウンバーストの存在を世に知らしめる。

この発見が契機となり、世界中の空港は専用レーダーを設置して事故を防ぐ体制を整えた。

藤田博士は定年後も自宅で研究を続け、１９９８年にシカゴで亡くなった。「ノーベル賞に気象学賞があったらフジタは必ず受賞していた」と言われるほどの業績を残しての、78年の生涯だった。

気象学のシャーロック・ホームズ

気象界のウォルト・ディズニー

観察者、ビジョンの科学者

藤田博士にはこんな異名があるのだそうだ。彼の伝記ともいえる『Ｍｒ．トルネード　藤田哲也　世界の空を救った男』（佐々木健一著／文藝春秋）で紹介されている。「竜巻男」は分かるが、シャーロック・ホームズやウォルト・ディズニーまで引き合いに出されるとは尋常じゃない。

読み終わって納得した。藤田博士はすべてにおいて常識破りな人物だったらしい。

機械工学を学びながら、畑違いの気象学へ進んだ。東大閥が幅をきかせる日本を飛び出し、アメリカで研究を続けた。徹底的に現場を歩いて何万枚もの写真を撮りまくった。現場に残された痕跡を見逃さず仮説を立て、数字の羅列や2次元の情報から、鮮やかな3次元モデルを組み立てた……なるほど、それがホームズでありディズニーと称されるゆえんなのだろう。

同書に登場するゆかりの人たちは、口をそろえて藤田博士を「天才」「たぐいまれな集中力の持ち主」「研究へのこだわりがすごい」と振り返っている。まさに、ノーベル賞を贈られるような科学者に共通する「資質」だと思う。

ところで、この本の著者である佐々木健一氏はテレビマンである。ＮＨＫで数々の優れたドキュメンタリーを制作している。綿密な取材が下地にあるからだろう、活字を追うだけで映像が浮かび、ぐいぐいと引き込まれる。

実は10年ほど前、私は「藤田博士の伝記を書かないか」と依頼を受けていた。私が藤田博士のことを紹介したコラムを読んだ編集者からの提案だった。たしかに、日本人がほとんど知らない超有名人で、しかも本格的な伝記が存在しない。興味がわいた。

だが、そのためには膨大な資料を読み込む必要があった。取材の拠点はアメリカだし、本業は忙しいしお金も時間も足りないしと、先延ばしにしていた。

それを佐々木氏は、持ち前のセンスとＮＨＫの取材力、そして豊富な資金をもって見事やってのけたのだ。

佐々木氏が作った藤田博士のテレビ番組が２０１７年の「科学ジャーナリスト賞」を受けることになり、贈呈式で佐々木氏と話す機会があった。「藤田博士の人生の空白を埋めるため、証言してくれる関係者を訪ねて全米を飛び回りました。全行程3万キロの取材です」と聞いて「ひゃー、やっぱり私には無理だった！」と心から納得したのだった。

セレンディピティ

藤田博士のように、ときに「非常識」な振る舞いが大発見を呼び込む例は少なくない。近年では、胃がんの原因として知られるピロリ菌の発見が象徴的な例だ。

発見者は、オーストラリアの医師、ウォレンとマーシャル。ある胃炎患者の胃の粘膜から見つけたらせん状の細菌に関心を持ち、2人はこれが病原菌ではないかと仮説を立てた。

学界の反応は冷淡だった。なぜなら、100年以上前からこの細菌の存在は知られていたが「強酸性の胃の中で生き続けられるわけがない」と無視されていたからだ。

それでも2人は、この細菌が胃の中で生き続けることを5年がかりで立証し、成果を消化器病の学会ではなく細菌の学会で発表した。「強酸性の環境で生き延びる細菌!」。古い常識にとらわれない、色眼鏡で見ない専門家たちが飛びついた。

きわめつきは、この細菌が胃炎を引き起こすことの立証だ。マーシャル自ら、らせん細菌を飲み、自分の胃に炎症が起きることを証明してみせた。2005年、2人はノーベル医学生理学賞を受賞する。痛快な発見物語である。

この物語には有名な失敗談がある。らせん細菌の培養が難航する中、マーシャルは根気が尽きて検体を培養器に放置したままイースター休暇を取った。

再び出勤してきたら、なんと培養できていた。通常の細菌と違って培養に長時間かかるため、失敗が続いていたのだ。1982年4月、ピロリ菌が「発見」された瞬間だった。

抗生物質「ペニシリン」を1928年に発見したフレミング（1881〜1955）にも、同じような逸話がある。抗菌作用のある物質を探す実験が難航、中断して夏休みを取り、研究室に戻ってきたところ、片付けないままの培養皿の中に菌が繁殖していない部分があった。窓のすき間から入ってきた青カビに含まれる抗菌物質が、繁殖を抑えていたのだ。これが後にペニシリンと命名され、多くの人命を救うことになる。

フレミングが几帳面で片付け上手だったら、このタイミングでの発見はなかっただろう。

「電気を通すプラスチック」の発明で2000年にノーベル化学賞を受賞した白川英樹さんは、研究に使う高分子ポリマーの合成を学生に任せたことが大発見につながった。

学生が配合を誤り、合成実験に失敗。しかし白川さんは、その失敗作に注目した。アルミ箔のように光っていたのだ。調べてみると、プラスチックなのに電気を通すことが分かった。

失敗や予想外の結果からびっくりするような宝物を見つけ出すことを「セレンディピティ」と呼ぶ。「セレンディップ（今のスリランカ）の3人の王子」というおとぎ話が語源だ。もちろん、失敗しろとか怠け者でいいということではない。失敗を避けたり、失敗として片付けたりしていたら大発見はなかった。むしろ、失敗もおもしろがり、そこからひらめくだけの直感力と努力、そして経験知があるかどうかが、明暗を分けるのだろう。

重力波

ノーベル賞の取材はおもしろい。まったくわからない世界ですごい業績を上げている人があらわれたり、とても身近な技術の原理を発見した人が脚光を浴びたり、さらに大発見の裏側を垣間見たりできる。科学の新たな歴史を作り出す天才たちの息づかいに触れた時の高揚感は、ある種、麻薬のようで、ハマるとやめられない。

２０１７年のノーベル物理学賞は、宇宙からやってくる「重力波」を世界で初めて観測した米「ＬＩＧＯ（ライゴ）」チームの3人に贈られた。

重力波は、アインシュタインが１９１６年に一般相対性理論で予想した現象だ。ＬＩＧＯチームは、ちょうど１００年後の２０１６年に、大科学者からの「最後の宿題」を見事、解いてみせた。

私たちが住む宇宙は１３８億年前に誕生したとされる。一方で、宇宙はものすごい速さで広がっている。すなわち、昔に生まれた星ほど遠ざかって地球からは見えづらくなる。さらにいえば、ブラックホールのように光を出さない天体の振る舞いはなかなか観察できない。

それらの様子を知るための、きわめて少ない手がかりの一つとして、物理学者や天文学者たちが目をつけたのが重力波だった。

アインシュタインは、質量の大きいものがぶつかったり、動いたりした時に、周囲の時空がわずかにゆがみ、その衝撃がさざ波のように宇宙に広がると予想し、その現象を「重力波」と名付けた。

もしもブラックホールが、誰も知らないところで衝突したり合体したりした時、その結果生じる重力波をつかまえることができれば、「あ、ブラックホールが衝突した！」とわかるわけだ。

問題は、このさざ波をどうやってつかまえるか。

湖に石をぽちゃんと投げ込むと、落ちた場所から波が同心円状に広がるが、遠くになるにつれて波は消えていく。重力波も同様に、地球に届くころには極めて弱くなる。その弱さといったら、たとえば地球と太陽の距離（約1億5000万キロ）が、水素原子1個分伸び縮みするぐらいのレベルだという。気が遠くなる。いや、ここで気絶するわけにはいかない。

ノーベル賞を受賞したのは、マサチューセッツ工科大学名誉教授のレイナー・ワイス博士と、カリフォルニア工科大学名誉教授のバリー・バリッシュ、キップ・ソーンの両博士。ワイス博士

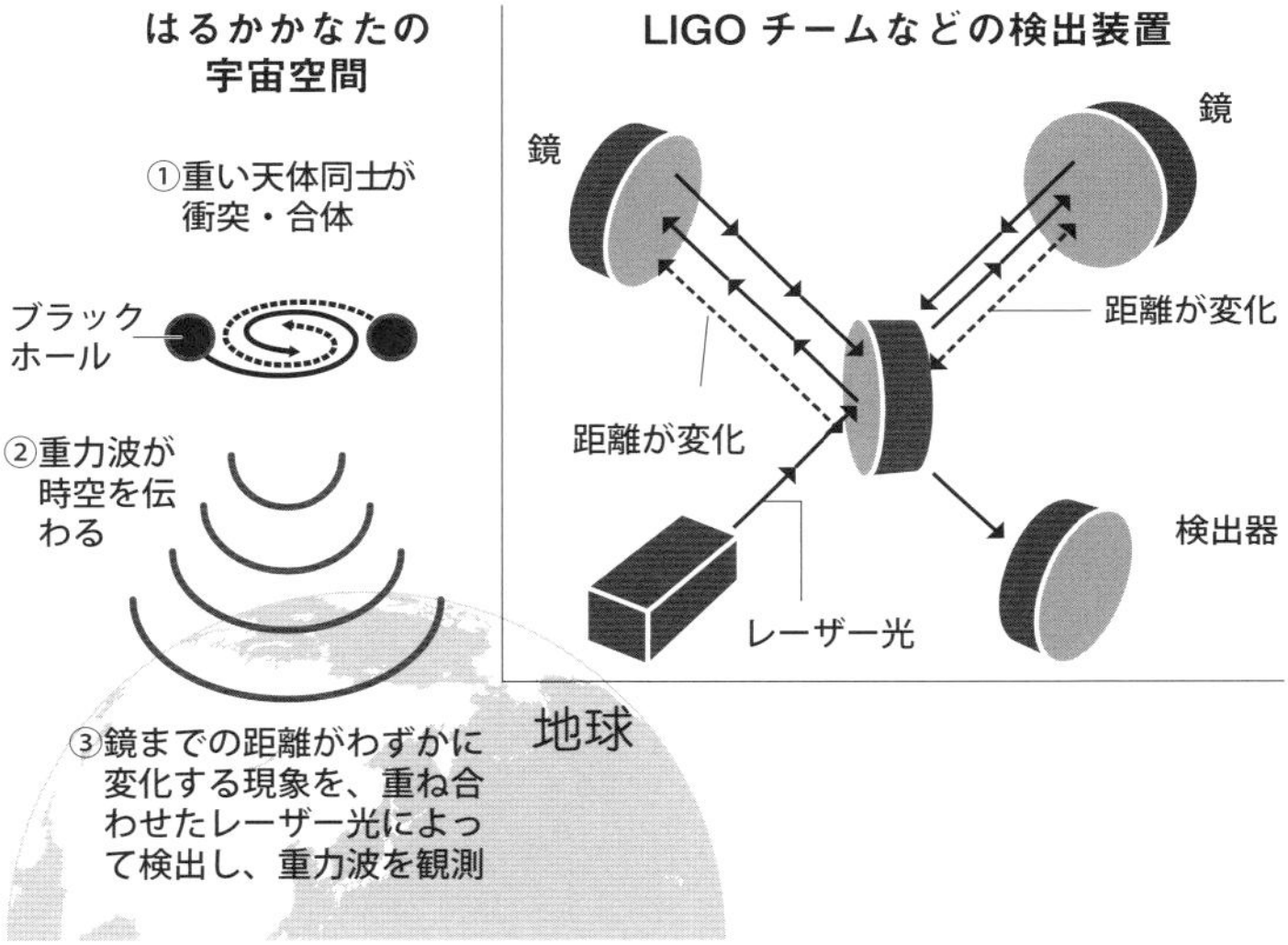

は実験家で、半世紀以上前に、ＬＩＧＯにつながる重力波検出の仕組みを考案した本人。ソーン博士は理論家で、アインシュタインの「予言」に基づいて、重力波にまつわるさまざまなシミュレーションを支えた。

そしてバリッシュ氏はこの分野の専門家ではない。彼はＬＩＧＯの第2代統括責任者。マネジャーとしての業績で受賞者に選ばれた。

ＬＩＧＯに招かれた１９９７年当時、バリッシュ氏は浪人中だった。その前は、素粒子を光速で衝突させて観察する、円周90キロの超巨大加速器「ＳＳＣ」の責任者だったが、米政府が財政難を理由に計画を中止。仕事がなくなったところに、ＬＩＧＯからの誘いが飛び込んだのだ。

責任者に就任すると、バリッシュ氏は東奔西走してＬＩＧＯに豊富なカネと有能な人材を供給し、ワシントン州とルイジアナ州の2カ所で検出装置の着工にこぎつけた。

科学の世界では、対象が小さくなるほど、観察のための装置が大がかりになる、というオキテがある。小学校の時、理科室で使った光学顕微鏡は片手でも持てるほどだが、見られるのはせいぜい微生物や細胞まで。それよりも小さいウイルスやＤＮＡを観察しようと思えば電子顕微鏡が必要になり、重さは１００キロを超す。

ＬＩＧＯはその典型だ。長さ4キロの真空の筒が2本、直角に交差したような構造。これを設計し、土地を確保し、建設し、精度を上げ、データを集めて分析しなければならない。

バリッシュ氏は、その道の専門家１０００人が参画する巨大プロジェクトを率いた。さまざまな利害や事情を調整しながら一つの目標へと引っ張っていくリーダーシップは並大抵ではなかっただろう。しかも、その行き着く先が必ずしも「成功」とは限らないのである。

ノーベル賞の選考委員会は、バリッシュ氏のそんな経営手腕を、成果に欠かせない貢献として認めた。これから巨大化していく科学の、新しい評価基準を示したといえる。

幸運なことに、ＬＩＧＯは２０１５年に稼働した直後、重力波の直接観測に成功した。データを詳しく分析することで、「いつごろ、どこで、どんな星が衝突したか」まで突き止めた。

最初にとらえた重力波は、地球から13億光年離れた場所で、太陽の36倍の質量を持つブラックホールと29倍のブラックホールが合体したことで生じた。36と29を足すと65だが、合体後のブラックホールの質量は太陽の62倍。差し引いて「太陽3個分」が、重力波のエネルギーとして放出されたという。

素人にはそのあたりの仕組みはさっぱりわからないから「へえそうなんですか」と言うほかないが、すごい。

じっさい、一番凄いのはこの現象を予測したアインシュタインだけれど、残念ながら天国に行った人にはノーベル賞は贈られない。今ごろ天国で「やったね！」と拍手を送っているかしらね。

地底の望遠鏡「ＫＡＧＲＡ」

重力波をつかまえようとしている施設は日本にもある。岐阜県飛騨市の旧神岡鉱山地下に完成した大型低温重力波望遠鏡「ＫＡＧＲＡ（カグラ）」を、２０１６年1月に訪ねた。

富山市から国道41号を南へ。古くは「ブリ街道」と呼ばれた。富山湾でとれた「キトキト（新鮮な）」のブリを岐阜や長野へ運ぶルートだったからだが、最近は「ノーベル街道」という呼び名の方が有名かもしれない。

利根川進（1987年医学生理学賞）、白川英樹（2000年化学賞）、田中耕一（2002年化学賞）の3氏がこの街道沿いの出身。小柴昌俊氏（2002年物理学賞）の成果もここで生まれた。KAGRAプロジェクトを率いる梶田隆章・東京大学宇宙線研究所長（2015年物理学賞）の自宅もこの街道沿いにある。いくつかのトンネルを抜け、車がすれ違えないほどの細い峠道に入っていく。夏はアユ釣り客でにぎわう跡津川が眼下に広がる。

見渡す限り雪化粧した山、また山。KAGRAの研究者向けサイトに「夏はクマや鹿が出ます」と注意書きがあったのを思い出した。

望遠鏡といえば、普通は山の上や建物の屋上にあるものだ。でもKAGRAは山の中、地下200メートルの場所にある。昔は鉱山として鉛や亜鉛などが盛んに掘り出され、その役割を終えた後の道路やトンネルを再利用した。

KAGRAに通じる入坑口に到着。ヘルメットをかぶり、苔山圭以子・特認助教の案内で、長さ700メートルのトンネルを歩く。突き当たりのドアを開けると、KAGRAの心臓部があった。

レーザーで時空のゆがみをとらえる

KAGRAはLIGO同様、トンネルが2本、直角に交差したL字形の構造で、それぞれのトンネル内には長さ3キロ、直径80センチの真空ダクト（筒）が設置されている。

観測は、強力なレーザーを発振し、ダクトが交差する部分で2方向に分ける。レーザーはダクト内を光の速さで進み、突き当たりにある鏡で反射して交差部分に戻ってくる。この際、戻ってきた2本のレーザーの波長が互いに打ち消しあうように鏡の位置を微調整しておく。もしもレーザーが打ち消しあわずに波長が乱れたら、それは「重力波の影響で空間がゆがんだ証拠」と見なせる。

問題は、そのゆがみが途方もなく小さいことだ。だから観測には究極の精度が要求される。

強みは「地下」「冷却」

「KAGRAの強みは地下、そして冷却です」。プロジェクトを現地で仕切る大橋正健・東京大学宇宙線研究所教授が説明してくれた。

KAGRAは、神岡鉱山があった山の地下に造られた。長さ3キロもの管を2本も配置できるほど広大な場所を平地で確保することが難しいという日本特有の事情もあるが、地下ならではの利点もある。地震などによる揺らぎを100分の1以下に減らせ、データを覆い隠すノイズを減らせるのだ。同じ山の地下にある「スーパーカミオカンデ」は、この利点を生かして素粒子ニュートリノを観測。この神岡にノーベル賞を2度、呼び寄せた。

半面、地下施設は落盤などの危険と無縁ではない。研究者はトンネル内での単独行動や夜間作業が禁じられ、坑内ではヘッドランプや安全靴を着用、状況に応じて酸素濃度計の携帯も義務づけられる。2本のトンネルのうち1本は行き止まりのため、3人が5日間生き延びられるだけの食料、酸素、水、トイレなどを備えた避難部屋が設けられた。

命の危険と背中合わせの、究極の実験環境。まるで地上400キロを周回する国際宇宙ステーション（ISS）のようだ。

「確かにトンネル内は年中、気温が一定（約13度）に保たれていますし、何か起きても簡単に外に逃げられないという点では似ているかもしれません」と苔山さん。

もう一つの強みは冷却だ。これも「熱雑音」と呼ばれるノイズを究極まで減らすため考案された。見た目には動いていない物質も、原子レベルではブラウン運動と呼ばれる小刻みな振動をしている。冷やすことでそれを食い止めようというのだ。

この宇宙で最も低い温度は絶対0度（マイナス273度）だが、KAGRAではレーザーを反射する人工サファイアの鏡を「絶対20度（マイナス253度）」まで冷やす。市販の冷却装置は振動するため、独自に開発した。さらに鏡は地面の振動を受けないようつり下げ、さらに天井の揺らぎの影響も受けない複雑な機構を考えた。ここまでやらなくてはいけないのですか？　私の愚問に苔山さんはきっぱりと答えた。

「はい、絶対に揺らがせません」

着工以来、東京大学や国立天文台の研究者たちは、安全靴にヘルメットというでたちでトンネルを駆け回り、雪の日には雪かきに励み、野生動物との遭遇を警戒しながら作業を続けてきた。２０１６年3月、初めてＫＡＧＲＡにレーザーを入射し、鏡を正しく制御できるかや、データが取得できるかを確かめた。試運転を繰り返しながら、２０１９年には本格稼働する。いったん稼働すれば、人の話し声や足音すら揺らぎを誘うため、この巨大施設は無人となる。

「知の地平」広がるか

世界の重力波検出装置は現在、米国のＬＩＧＯ、欧州のＶＩＲＧＯ（バーゴ）が稼働中だ。すでに重力波の観測に複数回成功し、成果を蓄積しつつある。

ＫＡＧＲＡを加えた三者は互いにライバルではあるが、研究者が行き来するなど研究協力も盛んだ。じっさい、複数の装置が同時に重力波を観測することで精度が増すことが期待される。

ＫＡＧＲＡの建設には１５５億円の税金が投入された。研究の費用対効果を「役に立つかどうか」で計るとすれば、ＫＡＧＲＡは役に立たない部類に入るだろう。

この施設のリーダーである梶田隆章・宇宙線研究所長は、ＫＡＧＲＡで重力波をとらえることを「知の地平を広げる」と説明する。「重力波」を使うことで、たとえば光では決して見えなかった誕生初期の宇宙の様子が分かるかもしれない。ＫＡＧＲＡが「地下の宇宙望遠鏡」と呼ばれる理由はそこにある。

ＫＡＧＲＡの名の由来は神岡（Kamioka）と重力波（Gravitational Wave）。「神楽」を連想させるこの名前で、ＫＡＧＲＡはこれからどんな舞を見せてくれるだろうか。

ちなみにＫＡＧＲＡを率いる梶田隆章さんの専門分野も、重力波ではなく、宇宙から降ってくる素粒子「ニュートリノ」だ。

ニュートリノは物質の最小単位・素粒子の一つで、英語の「中性の（ニュートラル）」と、イタリア語の「小さい（イノ）」という言葉から名付けられた。中性なので、ほかの素粒子に比べてもユーレイ度が高く、1秒間に1兆個（！）ものニュートリノが我々の体を通り抜けているというのに、我々は痛くもかゆくもない。

これをとらえるスーパーカミオカンデは、ＫＡＧＲＡと同じ旧神岡鉱山の地下にあり、直径40メートル、深さ40メートルの巨大なプール。そこに5万トンもの水をため、降り注ぐニュートリノが、まれに水分子と反応して発する青い光を、超高感度センサーで捕まえる。

梶田さんはこの巨大施設で、ニュートリノをとらえた。そして観察するうちに、このニュートリノが別の種類のニュートリノに変身していることを突き止めた。

変身するには「質量（重さ）」がなくてはいけないのに、それまでは「ニュートリノの重さはゼロ」と考えられていたから、まさに物理学の常識がひっくり返るような発見だった。

ニュートリノに質量があったからといって、明日からの暮らしが変わるわけではない。だが、自然を観察して共通する法則を見つけたり、それを基に将来を予測したりする営みこそが科学なのだ。ニュートリノ以外にも、存在すら知られていない秘密が、誰かに見つけられるのを待っている。そう思うと、おしりがむずむずしてくるのは私だけだろうか。

ダークマター

ダークマターも謎だらけの物質だ。その名前に「ダーク（謎）」とついているだけで、もう果てしなく謎めいて聞こえるでしょう。謎なわりには、宇宙の質量の25%を占めることが分かっている。だけど誰も見たことがない。ニュートリノほどではないにしても、空気1リットルあたり1個程度あり、知らないうちに我々の体を通り抜けているという。

ダークマターの存在を間接的に把握することには、国立天文台や東京大学などのチームが成功している。観測に使ったのは、ハワイにあるすばる望遠鏡の高性能デジタルカメラ。レンズの直径は82センチ、重さ3トン。これもスケールが大きい。画素数は8億7000万画素で、一般的なデジカメの90倍。

チームは、かに座の方向をこのカメラで撮影して詳しく調べた。満月が横に10個並ぶぐらいの範囲に、たくさんの銀河が写っていたが、その一部は星の光が曲がっていた。これこそ、ダークマターが存在する証拠である。

アインシュタインは「強い重力の中では光は曲がって進む」と予測した。後に実証された「重力レンズ効果」である。チームは、強い重力を持ったダークマターが銀河からの光を曲げたと考え、その分布図を完成させた。

なぜダークマターを調べるのか。科学者たちは宇宙が誕生した直後、ダークマターが宇宙に散らばっていたちりを引き寄せ、それが星や太陽のもとになったと考えている。つまり今の宇宙の成り立ちを知るためには、ダークマターについて知る必要がある。そしてその仮説が本当ならば、私たちが住むこの地球があるのも、ダークマターのおかげということになる。

ちなみに、宇宙を構成するものの中で、私たちが把握できているのは、質量にしてわずか5%。残りはダークマターやダークエネルギーと呼ばれる「なんだか分からないもの」だという。

なんだよ、何も分かってないじゃん。21世紀になっても科学者を目指す意義はありありなのだ。

富士山観測50年

枕草子に特徴的な文章の一つに「類聚章段」や「随想章段」、「ものはづくし」などと呼ばれるものがある。「春はあけぼの」「にくきもの」などのように、何かお題を設定して、連想ゲーム式に記述していく手法だ。

「木の花は」「草の花は」「森は」「原は」「滝は」と、花鳥風月をさんざん書いているわりに、「山は」が少ないことに気づいた。考えてみれば、京都暮らしが長かった清少納言にとって、御所から眺める山以外の山は眼中になかったのかもしれない。

「おほきにてよきもの（大きい方がよいもの）」の段には、家、弁当袋、果物、ほおずき、男の目、などが登場するが、やはり山は登場しない。ひょっとして彼女は富士山を知らなかったのではと疑いたくなる。

富士山は日本一高い山である。標高３７７６メートル、どこからでも見えるかというと、そうでもない。

東京都武蔵野市の私立成蹊学園に設置されている「成蹊気象観測所」は、東京から富士山が見えるかどうかを、半世紀以上調べ続けている。

富士山。こう見えても常時監視が必要な活火山だ © 毎日新聞

1963年、4階建て校舎の完成をきっかけに観測が始まった。毎朝9時、スタッフが屋上に上がり、83キロ離れた富士山が見えたかどうかを記録する。一見単純な作業だが、台風の日も正月も、1日たりとも休まないのである。

2017年は富士山が見えた日が135日あった。観測を始めた1963年は49日しか見えなかった。最多の年は2014年で138日、最少の年は65年で、わずか22日だったという。

1960年代に富士山が見えにくかった原因は大気汚染だ。高度成長期の東京の空はスモッグでかすんでいたのだ。70年代に入ると大気汚染対策が進み、空は少しずつ澄んでいった。90年代後半以降は、年間100日を超えるのが普通になっている。

古い記録によれば、明治初頭の１８７８年には、東京から富士山が１００日ぐらい見えていたそうだ。日本が近代化する前のきれいな空が戻ってきたのは、喜ばしいことだ。

ただ、観測所の宮下敦所長によると、富士山が見えやすくなった理由はもう一つある。湿度の低下だ。空気中の水蒸気が減ると、遠くのものがよく見えるようになる。そして気温が高いほど、相対湿度は下がる。

実は、成蹊気象観測所は１９２６年から、学生も参加して気温や湿度を測り続けていて、学校がある武蔵野市の平均気温は、この90年間で約3度上昇した。地球温暖化に加えて、ヒートアイランド現象も気温上昇を後押ししているのだろう。気象庁のデータでも、この１００年間で東京の気温は3度上がり、湿度は18％下がった。

それにしても、代々の教員や学生たちがこんなにも長期間、測候作業を続けてきたことに驚く。卒業生にとって、歴史の一部を担ったことは誇りだろう。まさに「継続は力なり」である。

１９２６年に観測を始めた加藤藤吉教諭は後年、「測候精神とは、自然のすがたをありのままにとらえようとする謙虚さと、うまず、たゆまず、長期にわたってこれを続けようとする熱意と根気をいうのである。学校観測のねらいはこの精神を養うことにあって、自然科学者を作るだけがそのねらいではない」と書き残している。

ヘンな生き物オールスター

鉄道マニアではないが、乗り物に乗るのは好きな方だ。

最近はJRや、民営化後に財政難で第三セクター化された地方鉄道が、お客さんを呼ぼうとさまざまに工夫を凝らした観光列車を作っている。地元の果物を使ったスイーツを食べながらとか、西部劇風の車内でジャズを聴きながらとか、地域の工芸品で飾った車両で里山を眺めながら、とかまあいろいろだ。旅先でそういうチラシを見かけると、「しょうがないなあ……」とか言いつついそいそと切符を買う。

たいてい一人旅だから、列車に乗るのも1人。おしゃべりする相手がいなくて退屈だろうと思われるかもしれないが、なかなかどうして、忙しいのである。

まずは列車が入線する様子を動画で撮り、ドアが開けばインスタ映えする車両の内外を撮影。そうしている間にも「あのーすみません撮ってもらえますか？」とカップルやおばさま2人組に頼まれ（一人旅は頼みやすいみたい）、それが終わってようやく乗り込む。

発車後は車窓からの風景を撮影し、車掌さんが来れば特製スタンプをもらい、そうそう地ビールとつまみも買わなくちゃ。おっとガイドさんの案内が始まったぞ。

周りの乗客は、連れとのおしゃべりに忙しく、せめて私ぐらいは聞いてあげようと耳を傾けたり、おつきあいで微笑んだりしていると、ガイドさんは私の方ばかり見てしゃべるようになる。こうなったらもはや、よそ見など不可能。ガイドさん実質独り占め状態のまま終点まで。当然、列車の造作や沿線の風景に、誰よりも詳しくなっている。

乗るのが目的だから、終点に観光名所があるとは限らない。帰りの列車を待つ間、特にすることもないので、駅の待合室にある顔ハメ（っていうのかしら）から顔を出した様子を、見ず知らずの人に撮ってもらったりするのもまた楽し。さぞかし物好きな女に見えることだろう。はい、物好きです。

えっとなんだっけ。そうそう乗り物の話だった。

「乗り物好き」の私が死ぬまでに一度乗ってみたいと思っているのは、海洋研究開発機構（JAMSTEC）の「しんかい6500」である。定員は3人。そのうち2人はパイロット（船長、操縦士）とコパイロット（船長補佐）なので、乗客は1人だけだ。

行き先は「深海」である。一般的には、水深200メートルより深い場所が深海と定義されている。

「しんかい6500」は、設計上は水深1万メートルまで耐えるように建造されているそうだが、研究者が乗り込んで最深6500メートルまでの深海を調査することを想定している。

母船からワイヤでつり下げて入水し沈降。調査を終えて上がってくるまで、往復7時間の旅である。引火の危険性があるものは持ち込み禁止で、化粧もNG。トイレもないのでオムツ覚悟（未確認）。

ところで、地球上でもっとも深い場所は、太平洋・マリアナ海溝のチャレンジャー海淵で水深1万920メートルだ。「たった11キロじゃん」と言うなかれ。ここまで到達するためには、猛烈な水圧との闘いに勝たなくてはならない。深海魚でさえも、この水圧下では生きていられないと考えられている。

1960年、米海軍の探査船トリエステ号が2人の男性を乗せて最深部に到達した。約半世紀後の2012年、映画監督のジェームズ・キャメロン氏が、1人乗りの「ディープシー・チャレンジャー」に乗り組み、地球最深部に達した3人目の人類となった。

挑戦するならとことんまで、という野望は当然だし、素晴らしいことだ。他方、深海の謎を解明するには必ずしも有人である必要はなく、各国の研究者たちは無人探査を重ねて多くの知見を積み上げている。

NHKが2017年、JAMSTECと共同開発したカメラを、このチャレンジャー海淵の最深部に沈めた記録番組を見た。さて、生き物は映っているかと目をこらしてみたら、砂地に点々と生き物がいる。ナマコだった。なぜかみな同じ方向を向いているように見える。

ナマコねえ。さっそく、ナマコ博士として知られる本川達雄先生の『ウニはすごい　バッタもすごい』（中公新書）を開いてみる。

ナマコは、ヒトデやウニなどと同じ棘皮動物門に属している。棘皮とは、読んで字のごとく「トゲと皮を持つ動物」。ウニなどはまさにイメージぴったりなのだが、ナマコはぬらぬらと柔らかく、棘皮動物の資格があるのか疑問に思う。

本川博士によると、ナマコは皮ばかりの生き物だそうだ。体表を覆う「真皮」と呼ばれる組織が体重の半分以上を占める。小さいが、棘もある。骨は無いように見えて、0・1ミリ大の骨片のような形で体中に分布している。ははぁ、居酒屋でおなじみのナマコ酢の、あのコリコリとした歯触りは、骨片に支えられた分厚い真皮のおかげなのだと合点。

言っておくが、ナマコは人間さまに食べられるためにそんな姿になったわけではない。徹底的な省エネ構造なのだ。棘皮動物は全般にそうで、「キャッチ結合組織」という独特の構造を使うことで、活動に伴う消費エネルギーが、他の動物の10分の1程度で済むという。

その証拠に、ナマコの筋肉量は体重のわずか7%。我々人類は、体重の45%が筋肉で、これを維持するために大きなエネルギーを必要とする。つまり、常にエサを探し回ってたくさん食べなくては生命を維持できない。

その点、ナマコは海底にじっとしているだけ。エサは砂、厳密にはそのまわりに付着した有機物。これだけで生きていける。敵が来れば皮を硬くして身を守る。もとより、皮と骨ばかりで栄養にならないから、敵もナマコを襲う理由がない。そう考えると、地球最深部にナマコがいる（ナマコしかいない）理由がストンと納得できるのだ。

「食べる心配　逃げる心配　そんな心配関係ない！　砂を食べてりゃ　この世は天国　ナマコ天国　ナマコ天国　ナマコのパラダイス」。本川博士のオリジナル歌そのもの。

低温高圧、エサは少なく光も届かない「死の世界」にしぶとく生きる深海生物は、適応の結果とはいえ、きわめて個性豊かだ。

ゴエモンコシオリエビはヤドカリの仲間で、水深1000メートル程度に分布する。もちろん由来は大盗賊の石川五右衛門。釜ゆでの刑にされたことと関係がある。

この生き物は、地球内部で温められた熱水が海底から勢いよく噴き出している熱水噴出域を好む。水温は50度以上にもなるが、エサになるバクテリアが多くいることを知っているのだ。このバクテリアも不思議で、熱水に含まれる硫黄やメタンを栄養として生きている。そしてゴエモンコシオリエビは、自分の体毛にとりつくそのバクテリアを食べて生きている。

なんというしたたかさ。38億年前に誕生した地球の生命は、こうした熱水から生まれたのではないかと考えている研究者もいる。

熱水噴出口の近くには、オハラエビというエビも見つかる。こちらは、朝寝朝酒朝湯が好きな小原庄助からのネーミング。ダイオウグソクムシも、謎の生態を持つ生き物だ。三重県の鳥羽水族館で飼育されていた個体が5年間、エサを食べないで生き続けたのは記憶に新しい。

そしてエビや深海魚に負けないぐらい多様なのがクラゲだ。

掬う掌のくらげや生命線ふかく

これは深海生物学者、ドゥーグル・リンズィー博士による句だ。リンズィー博士はオーストラリア生まれながら日本語が堪能で、俳句での受賞歴もある。

本業はもちろん研究で、深海クラゲが専門。一度は深海エビを研究対象にしたが、クラゲの多様性にひかれて乗り換えた。

「一般に、敵から食べられる危険が多い生物ほど、種の多様性は高まりますが、クラゲは毒を持つのであまり狙われない。にもかかわらず、地球上に6000種類いると言われています」

これまで各地の深海に潜って数々の新種を見つけては、論文で報告するとともに、卓越した語学センスで和名をつけてきた。真っ赤な丸い体を透明なゼラチンが覆っているクラゲを「アカチョウチンクラゲ」と命名したそうで、写真を見ると、なるほど、蛇腹のようなしわが入っていて、提灯のように折りたためそうだ。

考えてみれば、広い海でクラゲがあんな派手ななりをしているのには、どんな意味があるのだろうか。メスやオスの気を引くためではなさそうだ。だいいちクラゲは生殖器を持たず、交尾もしない。形も、おわん型の胴体に細長い脚、ばかりではない。角張ったのや筒型など多様だ。襲われないのをいいことに（？）百年以上生きるクラゲもいるという。

そんなこんなで「なぜ？」と考え始めると夜も眠れないくらい、謎の多い生き物なのだ。

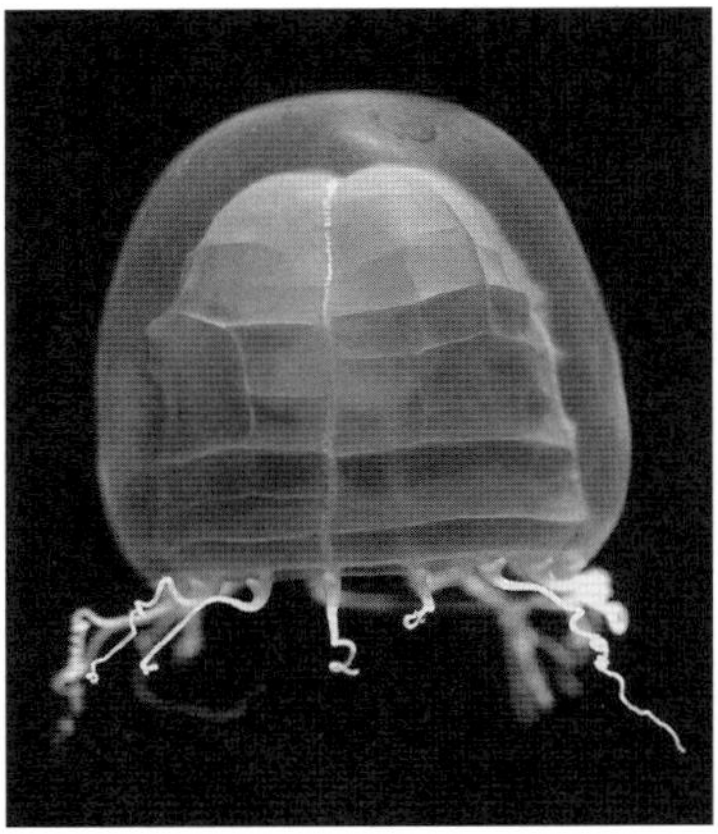
アカチョウチンクラゲ（海洋研究開発機構提供）

深海といえば、ハワイ島の最高峰・マウナケア山（４２０５メートル）は、ふもとから頂上までの距離を測ると、なんと1万メートルを超え、地球最高峰と言われるエベレスト（８８４８メートル）より高いのだと聞いたことがある。つまり我々が見ているのは、海面から出ている6合目より上だけ。
外来生物駆除を兼ねて、あちこちのため池の水を抜く番組がはやっているが、もしも地球の海水を全部抜くことができたら、目の前の風景はまったく違って見えるんだろうなあ。日本列島も、かなりダイナミックなんだろうなあ。そんなことを妄想するのも楽しい。

ボイジャー1号

途方もない話が大好きな私。最近では、NASA（米航空宇宙局）の無人探査機「ボイジャー1号」のエンジンが、なんと37年ぶりに起動した、とのニュースに心をときめかせた。

ボイジャー1号は1977年に打ち上げられた。2013年ごろ太陽系の端っこに達し、今は地球から約210億キロのところを飛行している。

地球との通信を続けるために、アンテナの向きの微調整が必要になったものの、本来動かすべきシステムの劣化が心配されたため、バックアップエンジンを起動させて調整を行うことにしたそうだ。結果は成功。これによってボイジャー1号の寿命は2〜3年延びたという。

太陽系は、太陽を中心とし、その周りを回る惑星が形作る範囲のことで、端っこは太陽から180億キロも離れている。ちなみに地球は太陽からわずか1・5億キロしか離れていない。

その地球を出発して40年。ボイジャー1号は今なお、広い広い宇宙を航海している。木星、土星、天王星、海王星。たくさんの写真と発見だけでなく、1日も休まず夢を地球に届けてくれている。働き方改革がなんだ。日野原重明さんも顔負けの生涯現役感、びっくりを通り越して喝采しかない。

さらにときめくことに、ボイジャーには「ゴールデンレコード」が積み込まれている。人類や地球を紹介する写真のほか、日本語や英語など55種類の言葉によるあいさつや、動物の鳴き声、クラシック音楽、民族音楽、お母さんが赤ちゃんにキスをする音などが録音されている。

誰が再生するのかって？ 「地球外知的生命体」、つまり宇宙人だ。ボイジャーが太陽系外でその役割を終えても、漂っている機体をどこかの星の誰かが回収し、解読するかもしれない。まさに、宇宙を海に見立てたメッセージ・イン・ア・ボトル。

広い、広い宇宙。そこに住む人類以外の誰かとコミュニケーションができたらな、と考えたのは、ＳＦ作家であり科学者でもあったカール・セーガン氏率いる委員会だった。

当時は、ほとんどの専門家が内心、「地球外生命？ まさかねえ、いないでしょ？」と鼻で笑ったかもしれない。だがその後、常識を塗り替える発見がなされた。

１９９５年、スイスの天文学者たちが、ペガスス座51番星に惑星を見つけた。この惑星は木星の半分の質量で、主星のまわりを４日で回っているらしい。その後の研究で、太陽系における地球のような惑星は、太陽系外では「ありふれた」天体であることがわかってきた。

じっさい、太陽系外にあって、主星からの距離が地球に似通う、つまり生命がいてもおかしくない惑星がすでに３５００個以上見つかっている。

「我々は、決して孤独じゃない」とうすうす思っていた研究者たちが、専門分野を超えて集まってきた。天文学、惑星科学、生物学、地球科学、化学……。この新分野は「アストロバイオロジー」と名付けられ、新しい学問領域として育ちつつある。

宇宙物理学者の須藤靖・東京大学教授は、「この広い宇宙のどこかに地球外知的生命がいると信じています」と言い切る。もう一つの顔として「役に立たない科学のどこがワルイねんオモロければエイやん協会」会長という肩書もお持ちなのだが、決して怪しい人物ではない。

とはいえ、拙著『気になる科学　調べて、悩んで、考える』（毎日新聞出版）を書評で取り上げてくださった際、私をこの協会の名誉会員に推薦すると公言したわりにはお誘いがないところを見ると、この協会の活動実態があるかどうかは怪しい。

須藤教授も登場するインタビュー集『科学者18人にお尋ねします。宇宙には、だれかいますか？』（佐藤勝彦監修、縣秀彦編集／河出書房新社）を読むと、「地球外知的生命は存在するか否か」を議論する時代はとうに終わり、「生命をどのように定義するか」「どうすれば発見できるか」「存在が確かめられたらどうするか」が議論され始めていることがわかる。

もしも地球外知的生命と交信できたら須藤博士が聞きたいのは、①数学はあるか？　②自然の法則を理解する物理学はあるか？　③音楽や芸術はあるか？　④宗教は存在するか？　だという。

私だったら、もう少し具体的に聞きたい。「どうやって地球の存在を知りましたか？　あなたの星は幸せですか？」

そんな中、ニューヨーク・タイムズ紙のスクープが目を引いた。米国防総省が２００７年から12年まで、ＵＦＯの目撃情報を検証する「先進航空宇宙脅威識別計画」に２２００万ドル（約25億円）を投じていたという。

米国にとって、上空から降ってくる剣呑な飛翔体といえば北朝鮮からのＩＣＢＭ（大陸間弾道ミサイル）だろうが、本当に地球外知的生命のコンタクトまで警戒していたのか。アメリカという国の懐の深さを感じさせるニュースだった。

はやぶさ2

半年に一度、半蔵門のＴＯＫＹＯ ＦＭにお邪魔している。住吉美紀さんがパーソナリティを務める「ブルーオーシャン」という番組で、半年のニュースを振り返り、次の半年に起きそうなニュースを予想する、というものだ。

大ニュースの大半は政治や外交や皇室や事件なのだが、一つか二つ、私の趣味で科学ニュースも入れている。２０１８年注目のニュースとして、小惑星探査機「はやぶさ２」の活躍を紹介した。

「はやぶさ2」は2014年12月3日、鹿児島県の種子島宇宙センターからH2Aロケットで打ち上げられた。目的地の小惑星は1999JU3、後に「Ryugu（リュウグウ）」と名付けられた。

「奇跡の帰還」で列島が泣いた（オーバーかしら）はやぶさの場合、打ち上げ直後に4台のイオンエンジンのうち1台が使えないことがわかり、長い旅は綱渡りの連続だった。それに比べて弟分の「はやぶさ2」はきわめて順調。順調すぎてニュースがなく、注目度が今ひとつなのが残念なくらいだ。

これまでのハイライトは、地球の重力圏を脱してリュウグウへ向かう軌道に乗るための「地球スイングバイ」だった。いったん地球に近づき、地球の重力を利用して秒速32キロまで加速し、狙った軌道に飛び移る大技である。

さしずめ、ハンマー投げの選手だった室伏広治さんになり代わって地球が「はやぶさ2」を振り回し、絶好のタイミングで手を離すことで遠くへ飛ばすようなイメージだ。「はやぶさ2」は無事、太陽のまわりを回るリュウグウの軌道に乗っかり、スイングバイは成功した。出発以来の飛行距離は29億キロを超えている。

リュウグウ到着は2018年6月下旬から7月上旬。しばらく上空から観測を行った後、秋には地面にクレーターを作って中の砂などを採取し、地球に向かう。順調にいけば2020年、東京オリンピックの後に地球に帰還する。

リュウグウの地質は、太陽系ができた46億年前の状態を保っているだけでなく、有機物が含まれている可能性が高いという。浦島太郎が竜宮城から玉手箱を持って帰ってきたように、「はやぶさ2」が持ち帰るカプセルから、地球の生命の起源を解くカギが見つかるかもしれない。

飛行士マニア

宇宙飛行士の金井宣茂さんが2017年12月17日、カザフスタンのバイコヌール基地から宇宙へ旅立った。元自衛官で医師。初の宇宙である。

これで、JAXA（宇宙航空研究開発機構）の宇宙飛行士で、宇宙未経験という人はいなくなった。やや乱暴な言い方をすれば、「在庫一掃」。

現役飛行士の中で、もっとも経験豊富なのは若田光一さんである。初飛行は1996年。2回目は2000年で、ロボットアームを華麗に操り、ISS（国際宇宙ステーション）の組み立てに活躍した。3回目は09年で、日本人として初めてISSに長期滞在。4回目は13年11月から半年間滞在し、後半は日本人として初めて「船長」を務めた。

船長は、ＩＳＳの安全や任務の実行、クルーの健康管理などすべてに責任を持つ。宇宙での豊富な経験は必須。仲間に信頼される人間力だけでなく、アメリカ、ロシア、日本の地上管制官とも上手にコミュニケーションできる語学力を備えていることが条件だ。

宇宙ライターの林公代さんは「船長の使命は一にも二にも、クルーの命を守ること」と言う。ＩＳＳは、真空の宇宙空間に浮かぶ船のようなもの。壁の向こうは、文字通り「死の世界」だ。宇宙ゴミが猛スピードでぶつかってきて壁に穴が開くかもしれないし、電子機器が故障して火事が起きたり、有毒ガスが出て空気を汚したりする危険もある。そんな時、クルーの命を守るために何をすべきかを冷静に判断し、指示を出すのが船長の仕事だ。

若田さんは子どもの頃、アポロ11号の月面着陸をテレビ中継で見て宇宙に興味を持ったという。日本航空でエンジニアとして経験を積んだ後、宇宙飛行士試験に合格した。

宇宙飛行士の資質とは何か。健康で成績優秀、さらに専門知識もあって……とスーパーマンのようなイメージがあるが、当の宇宙飛行士に「どんな人が向いていますか？」と聞くと「チームワークができる人」という答えが返ってくる。人間が宇宙に行き、滞在し、帰ってくるという事業は、飛行士だけでなく何千人もの人の共同作業で成り立っている。「俺がリーダーだ」という人ばかりではうまくいくわけがない。若田さんの好きな言葉はずばり「和」。

ところで半年間の滞在を終えて帰ってきた若田さんの姿をＮＡＳＡ ＴＶで見守りながら驚い

た。帰還カプセルから運び出された直後、椅子に座って携帯電話を使っていたのである。

重力がほぼゼロの宇宙に長く暮らすほど、体は無重力の環境に慣れてしまう。2011年に167日間滞在した古川聡さんは、帰還直後の自分を「首がすわっていない赤ちゃん」「軟体動物」とたとえた。頭が重過ぎて首がひどく疲れ、めまいや吐き気などの「地球酔い」で、頭を動かせない経験もした。ペン1本、紙1枚でも「重いなあ」と感じたらしい。

こうした症状を改善して地球での生活に戻るため、宇宙飛行士は帰還後、1カ月半のリハビリに取り組む。ISSでも、使わない筋肉が衰えるのを防ぐために毎日2時間以上、筋トレをするのだが、リハビリではバランス感覚と「重さの感覚」を取り戻す運動が主だ。

徐々に重力に馴れていく様子を、古川さんは「まるで宇宙人が地球人になっていくようでした」と振り返っている。

次はどこ行く?

JAXAの宇宙飛行士は、4世代に分けられる。

第一世代は1985年に選ばれた毛利衛さん、向井千秋さん、土井隆雄さんの3人だ。続いて92年に選ばれた若田光一さんと96年の野口聡一さんが現時点では大黒柱的存在。99年には古川聡さん、星出彰彦さん、山崎直子さんが選ばれた。最後の募集は2008年で、油井亀美也さん、大西卓哉さん、金井宣茂さんの3人が選ばれた。

第一世代はすでに引退し、山崎さんはJAXAを退職。現役飛行士は7人ということになる。人類が初めて宇宙に飛び出したのは1961年のガガーリン。その後、「月へ行く」はアポロ計画で実現し、「宇宙で暮らす」はISSが実現させた。そして今、世界の関心は「火星」と、その拠点としての「月」に再び向かっている。

月はもともと、地球の一部だったという。46億年前、何か巨大な天体が地球に衝突し、その一部がちぎれて月となり、地球のまわりを回る衛星になった。

自然を楽しむ習慣の中で、アジアならではと言われるものの一つが「お月見」である。清少納言も「枕草子」で「夏は夜。月のころはさらなり」と、月夜の風情を絶賛している。銀色に光って夜空を静かに照らすその様子は、日本人のわびさびの心に通じるものがある。

月見の習慣は、中国から伝わったそうだ。中でも、旧暦の8月15日に出る月「中秋の名月」の月見は特別なものとされてきた。湿気の多い夏に比べて空気が澄み、月がきれいに見えるだけではない。昔の日本人は月の満ち欠けを目安に農作業の日取りを決めていたから、稲や木の実が豊富に実る秋の夜空にかかる月は、とりわけ美しく感じられたことだろう。

この月にローバー（探査車）を送り込み、月面を走らせようというコンテストが開催された。「グーグル・ルナXプライズ」は、民間の知恵と技術とお金だけを使い、独自に作った探査車を①民間ロケットに乗せて宇宙まで運ぶ②月面に着陸し、５００メートル走らせる③その様子を撮影し、動画を地球に送信する――という三つの課題を、期限内に達成しなくてはならない。

優勝チームにはスポンサーのグーグルなどから賞金２０００万ドル（約22億円）が贈られる。それを元手に、さらなる技術開発に取り組むという好循環を狙っている。

日本からも、ベンチャーが出資する月面探査チーム「ＨＡＫＵＴＯ（白兎）」がエントリーしたが、宇宙への運搬手段を引き受けたインドのベンチャーの資金難から、期限内の達成を断念。それどころか参加した30以上のチームすべてが達成できないことになり、勝者のいないまま終了することになった。改めてアポロ計画のすごさを実感する。

月の表面はでこぼこで、地表は細かい砂で覆われている。さらに温度の変動も激しい。太陽光が当たる昼間は１１０度、夜は氷点下１７０度。この過酷な環境に耐えるシステムや車体が必須だ。

人類が初めて月面を歩いたのは１９６９年。あの時以来の興奮と関心が今、月に集まっている。これまで国主導で進んできた宇宙開発が、民間企業によって加速する時代が来るだろうか。

ABC予想ってなんだ？

「ABC予想」を証明した論文掲載へ

2017年12月16日。朝日新聞の朝刊1面トップに、こんな見出しの記事が載った。

数学の世界には「難問」と呼ばれる問題がいくつかあるが、そのうちの一つを、京都大学数理解析研究所の望月新一教授が証明し、論文の査読がこのほど終わってめでたく学術誌掲載の運びとなった、というのが、この特報のあらすじである。

私はこの日、夕刊製作の責任者としてたまたま出社した。科学環境部の同僚であるデスクが「大変なことになりました」と小走りでやってきた。

「ABC予想でしょ。京大に確かめて追いかけましょう」と私。

「いやそれが、難しいのです」と彼。

聞けば、その望月教授はたいそう変わった人物であり、5年前にも世間を騒がせている。それは、やはり朝日新聞による「望月氏がABC予想を証明する論文をまとめた」というニュースであった。

本来なら記者会見を開いて大々的に発表するようなネタであるが、彼は自らのブログに

500ページに及ぶ論文を掲載し、査読を不特定多数の人たちにゆだねた。

押しかけたマスコミに対して望月教授は「私の仕事をみなさんに分かってもらおうなどとは思っていない」と一切の取材を拒んだ。その代わり、時折安否情報を書き込んで消息を伝えている。論文についても、誰かが指摘をしてくると「修正しました」などとサイトに書き込む状態が続いていた。

その、5年がかりの査読がこのほど終了した、というのが朝日新聞の報道なのだが、ご本人に当たれない以上、裏の取りようがない。

数学者に限っていえば、こういう人は時々いる。難問の代名詞でもある「ポアンカレ予想」を証明したロシア人数学者ペレルマンは、その噂を聞いたマスコミが押しかけると知って、「きのこ狩りに行ってくる」と言い残して雲隠れした。

「そもそも、なぜ数学者には変人が多いんですかね？」と彼が言うので、私は「それぐらいの変人じゃないと、すごい仕事はできないってことだと思うよ」と答えておいた。

京都大学に電話をかけても「分からない」の一点張りなので、研究所のウェブサイトから望月教授のページをおそるおそる開いてみる。あった。

タイトルは「宇宙際幾何学者」。

宇宙際？

5秒ぐらい考えて、「あ、国際ぐらいじゃ歯が立たないぐらい、スケールがでかいってことね」と納得する。ことにする。

研究業績のコーナーにはイラストもあしらってある。月の上で餅つきをするウサギと、スペースシャトル。ひょっとして「モチヅキ」と「モチツキ」をかけてる？　望月教授、意外にいい人だったりして。

当然、連絡先は書かれていない。まずはＡＢＣ予想って何かを理解しなくては、取材もヘチマもあったものではない。どれどれ。なにやら数式が。

……分からない。

後ろの方で、有名国立大（ただし文系）卒の後輩が、同じページを見ながらつぶやいている。

「この……鼻息みたいなのは何だ？」

ひょっとして「ε」のことか？

「これはイプシロンという記号なのである」と説明してみたものの、私にもどんな時に使う記号なのか、想像もつかない。

分からなすぎて笑ってしまう。これでは取材の入り口にも立てないではないか。気を取り直して「同じ研究所の数学者に聞いてみなさい」と指示を出した。

望月教授の同僚と見られる研究者のページを検索した後輩が、プロフィル写真を見て「うわっ」と小さく叫んだ。駆け寄ってのぞき込む。ひげボーボーの男がにらんでいる。インドの山奥で修行して、ゼロを発見した男みたい（想像）。何もこんなやぶにらみの写真選ばなくても。「えーい、所長だ、所長を捜しなさい！」

「……元村さん、所長はこの人です」

所長さんのプロフィル写真のところに、子どもが描いたようなおじさんの似顔絵が貼り付けてあった。

その後の風の噂によると、果てしなく難解な望月教授の論文を査読できたのは、地球上に15人しかいなかったという。彼らに、望月教授の証明が正しいかどうかの判断をゆだねていいものなのか。そもそも、どう書けば読者にわかってもらえるのだろう。ある意味、心配しすぎてどきどきする。

イグ・ノーベル賞

毎年10月に発表されるノーベル賞は、科学者にとって最高の栄誉だが、それとは別に人を笑わせ、考えさせる研究に贈られる賞がある。イグ・ノーベル賞だ。毎年9月の発表を、私たちは胸を躍らせて待つ。この10年ほどは、日本人が常連なのだ。

2013年の医学賞は、心臓移植をしたマウスにオペラ「椿姫」を聞かせたところ、他の曲を聞かせたマウスよりも長生きしたという、心臓外科医たちの発見に贈られた。長生きの理由は「移植の大敵である拒絶反応を起こす体内の物質が、音楽によって少なくなった」という。

同じ年の化学賞には、レトルトカレーで知られるハウス食品の「タマネギを刻むと涙が出る理由の解明」が選ばれた。涙を出させる物質は特定されているが、研究チームは、「刻んでも涙が出ないタマネギ」を開発するところまで踏み込んだ。

化学賞だと、ウシのふんからバニラアイスクリームなどの香り成分「バニリン」を取り出した2007年の受賞研究も忘れがたい。

2009年の生物学賞は、北里大学の田口文章名誉教授らによる有意義な研究に贈られた。パンダのふんから取り出したバクテリアを使うと、家庭の生ゴミが質量換算で9割減らせるという発見だ。ごみ問題にパンダがこうした面でも貢献できるというのは、時節柄的にもおめでたいことだ。なぜ実用化されないのか、首をかしげる。

すでに販売されているものにも、イグ・ノーベル賞は配慮を怠らない。おもちゃ「たまごっち」は「数百万人の労働時間を仮想ペットの飼育に費やさせた」功績で経済学賞。イヌの鳴き声を翻訳するおもちゃ「バウリンガル」は、人と犬に平和と調和をもたらしたという理由で平和賞、カラオケは「人々が互いに寛容になる新しい手段をもたらした」として平和賞を受賞している。イグ・ノーベル賞は、難しいイメージがある科学を、もっと多くの人に楽しんでもらいたいと、米国で1991年に始まった。

研究の特徴は、「おもしろい」こと。受賞の知らせを受けて「まじめに研究しているのに」と逆ギレする人もいるそうだが、なかなかどうして、日本人の独創性は世界級ではないかと、誇りを新たにする9月なのである。

ノーベル賞

本家本元のノーベル賞は、アルフレッド・ノーベル（1833〜1896）の遺言に基づいて創設された。「私の財産を、毎年、人類の幸せに最も貢献した人に贈りなさい」とあったのだ。1901年、第1回のノーベル賞は、エックス線を発見したレントゲン、赤十字を作ったデュナンらに贈られた。授賞式は、ノーベルの命日である12月10日と決まっている。

ノーベルはスウェーデンの化学者・実業家。取り扱いが難しい爆薬を安全に持ち運べる「ダイナマイト」を発明し、鉱山などで活躍した一方、兵器にも使われた。そうした犠牲で大金持ちになったことを彼は悔やんだとされる。

日本人初のノーベル賞受賞者は１９４９年の湯川秀樹（物理学賞）。敗戦後の日本に飛び込んだ受賞の知らせは国民を勇気づけたことだろう。

新聞記者として科学者にたくさん会って研究の話を聞くうちに、優れた科学者には共通点があることに気づいた。

第一に、目の前で起きていることを「疑う」才能である。リンゴが木から落ちても、凡人は何も感じないし「お、ラッキー」と喜ぶのが関の山だ。ニュートンはそれを見て万有引力を見つけたという。作り話だといわれているが、あながち的外れではない。疑問を見つけて解く過程で、優れた科学者は失敗を歓迎する。多くの人は失敗しない方がありがたいと思うが、彼らは「この条件で失敗したのだから、別の条件ならば成功するかも」と張り切る。

２０１３年、青色発光ダイオード（ＬＥＤ）の発明で物理学賞を共同受賞した天野浩・名古屋大学教授は「成功するまでに１５００回失敗した」と話していた。

同時に「誰もやってない」ことが好きなのも共通点。その分、道は険しいのだが、そこを乗り切った者だけが頂上に立てるのである。そして頂上から見た景色の中に、新たな目標を見いだす。

フランスの科学者パスツールは「幸運の女神は、常に準備している人にだけ微笑む」という言葉を残した。他人の言うことをうのみにせず自分で確かめ、さらにその先を見つめる努力を惜しまない科学者は、たまたま起きた幸運な出来事も見逃さない。

オートファジー

細胞が、不要なたんぱく質をリサイクルする生命現象を「オートファジー」と呼ぶ。草花から人間まで、細胞を持つ生物が共有する、不思議な現象だ。

この仕組みを解明した大隅良典・東京工業大学栄誉教授が2016年のノーベル医学生理学賞を受賞した。一つの賞は3人まで共同受賞できるのだが、大隅さんは単独受賞。この発見がいかに独創的かを物語る。

私が初めてオートファジーを取材したのは2004年だった。生まれたばかりのマウスの赤ちゃんが、へその緒からの栄養供給が途絶えてお母さんのお乳にありつくまでの間、オートファジーによって生きのびている、という発見だった。

自分の体の中のたんぱく質を分解してエネルギーに変えることで生き延びる。タコが自分の足を食うさまを連想したが、まさにオートファジーは日本語では「自食作用」と訳される。

オートファジー？　自分を食べる？　私の体でも起きているのか？　この研究をした水島昇博

士（現・東京大学教授）と向き合いながら、わけもなく胸がときめいたのを今でも覚えている。新聞記事で大きく紹介したら、「オートファジー研究の歴史の中で一番大きい記事です！」と感謝のメールをもらった。

当時、オートファジーはどちらかといえばマイナーだった。論文数も世界で年間２００本ほど。しかし、その後、さまざまな理由から注目を浴びるところとなり、近年は年間５０００本もの論文が発表されている。

大きな理由は、オートファジーが病気と関連しているのではないか、と考えられているからだ。たとえば、認知機能が失われるアルツハイマー病は、脳にアミロイドベータという異常たんぱく質がたまることが原因だ。

なぜたまるのか。「オートファジーがうまくいかない人は、細胞の中に不要なたんぱく質がたまりやすい。それが原因ではないか」という仮説も成り立つ。

アルツハイマー病のモデルマウスを使った実験では、仮説通りの結果とともに、なってしまった後は、オートファジーが働きすぎてもいけない、という結果も出て、議論が活発なのだ。

こうした研究の進展は、主に大隅さんの弟子たちが積極的に進めている。日本は今も、オートファジー研究の先頭を走る。

１９８８年の発見が30年近く後に花開いているというのに、当の大隅さんはいたって無欲である。ノーベル賞の1億円近い賞金も（非課税です）、若手研究者向けの奨学金の資金になった。

大隅さんは「どこに向かっているか分からないから研究は楽しい」と話す。光学顕微鏡でイースト菌の細胞を観察しているときに、偶然見つけたこの現象に、大隅さんは魅せられた。それが原点だ。役立てようとか、特許を取って稼ごうとか、そうした価値観とは無縁なだけに、その発見は気高い輝きを放つ。

そして、そのわくわくする物語のおこぼれにあずかる私たちも、心をときめかせ、「科学っておもしろいよね」と、安心して言えるのである。

科学の「夜明け」

ロンドンに留学していたころ、大英博物館にたびたび通った。なにせ、寄付と財産運用でまかなわれているから入館料は「任意」。払わなくても入館できる。授業の合間や、ピクニック向きの天気じゃない週末など、地下鉄に飛び乗ってここへ来て、あてもなくうろついたものだ。

観光客のほとんどは、古代文字を刻んだ石「ロゼッタ・ストーン」やエジプトの王族のミイラがお目当て。まあそれもいいんだけど、何度でも通える私が長い時間を過ごしたのは、「エンライトメント（Enlightenment）」と名付けられた展示スペースだった。

日本語に直訳すれば啓蒙主義、啓蒙時代。「闇に光を与えるような発見がなされた時代」とでもいおうか。この部屋を訪れると、西洋で生まれた近代科学のあけぼのが疑似体験できる。

この部屋は１９９０年代までは図書室だった。大英博物館ができたころの王様、ジョージ３世（１７３８〜１８２０）が世界中から集めた８万５０００冊を収蔵し、「キングス・ライブラリー」と呼ばれたが、近年の大改装でこの部屋ができた。

部屋番号は「ルーム１」。

高い装飾天井と、古い書物で埋め尽くされた左右の壁に、まず圧倒される。決して広くない回廊に、一見地味なガラスケースが並んでいるのだが、その陳列物の、とりとめのなさがすごいのである。

化石、貝殻、動物の骨、はく製、遺跡から出土した陶器のかけらや武器、鉄器、植物の種子、スケッチ、薬……。博物館を作るもとになったハンス・スローン卿の、手当たり次第と言ってもいいコレクションの一端を、３００年後の我々が見ているという図式である。

もちろん、王様があり余るお金を使って世界中からかき集めたものもあるのだろう。秩序なく並べられたガラクタのようだが、よくよく見ると、遠く離れた国のモノ同士が似ていたり、同じ国のモノなのに違っていたりする。

当時の人も同じ疑問を抱いただろうと想像する。その「なぜだろう？」という疑問を解くカギとして、考古学や地質学、分類学、植物学、生物学といった学問（科学）が生まれ、発展していった。そんなことをつづった解説板が、そこここにある。

怪しい英語力でそれらを読み、「なるほど！」とか「そうか！」とか感心しつつ、自分なりに楽しめるのが、このルーム1の良さだった。

科学というと、難しくて肩が凝るイメージを持つ人が多いと思う。けれどもその始まりは、しっちゃかめっちゃかに集めたガラクタを、もっと詳しく知りたい、分解したり古い順に並べたりしたい、そして他人に自慢したいという、子どもみたいな願望も入り交じった試行錯誤だったはずだ。

留学していたころは「いつでも見られる」と思い、見過ごした展示や素通りした部屋もたくさんある。まとまった休暇が取れる身分になったら、また訪れよう。

そして科学に親しみ、ときめく方法を教えてくれたお礼に、今度は気前よく寄付をしよう。

II

すさまじきもの

あきれる話、興ざめな話

【凄まじき物】期待や熱意が冷えてしまう感じがする意。また、そのような事態から受けるしらけた気分をいうのが原義。

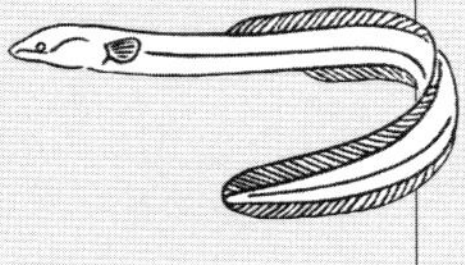

「すさまじい」は現代においては「ひどい」「勢いが強い」という意味の形容詞だが、清少納言の時代には「興ざめだ」「あきれてしまう」という意味で使われた。

「枕草子」の「すさまじきもの」の段では、季節はずれのしつらえや、火が消えてしまった火鉢、学者の家に家業を継げない女の子ばかり生まれてしまうことなど、「ズレてるもの」が紹介される。「待ちこがれたあの人かと思って玄関に出たら、別に待ってもいない男が立っているのはがっかり、どころかヤだ！」なんて書いている。

あるべきところにあるべきものがない。逆にふさわしくないものがある。そんないらだちや白けた気持ちを、昔の人は「すさまじ」という言葉に込めたのだ。

トランプ・ハリケーン

2017年の主役は良くも悪くも、米国のトランプ大統領だった。毎日新聞の記事データベースで「トランプ」と検索してみた。この4文字を含む記事は、2017年の1年間で5000件近い。ためしに「安倍」でも検索してみたら4200件。ななななんと、トランプさんの方が多いじゃないの。

「トランプ」には、カードゲームのトランプに関する記事も紛れ込んでいるだろうが、「安倍」だって、首相以外の安倍さんが登場する記事が紛れ込んでいる。日本の新聞にもかかわらず、首相より存在感を主張するこの男、いったい何者だ。

トランプ氏が17年1月、アメリカの第45代大統領に就任して以来、連日のように騒ぎが起き、世界は振り回された。もちろん、私が専門とする科学や環境の分野も、大いに混乱した。

最も腹立たしかったのは6月、地球温暖化を各国の努力で食い止める約束「パリ協定」から離脱すると宣言したことだ。大統領になる前からトランプ氏は「地球温暖化なんてでっちあげだ」と主張していた。地球の平均気温が上昇したり、空気中の二酸化炭素の濃度が高まったりと、科学的なデータがあっても、それを信じようとしなかった。

それどころか、温暖化対策を推進すべき環境保護局（ＥＰＡ）の予算を3割減らし、長官には自分同様、温暖化懐疑派のプルイット氏を起用した。ＥＰＡのウェブサイトは、トランプ氏の大統領就任と同時に「気候変動」の項目が削除された。

そのＥＰＡのサイトを検索すると、トップページ上部に「少々変更を加えました。このサイトで欲しい情報が見つからない場合は、こちらへ」という案内が出る。就任式の前日、1月19日時点のサイトをスナップショットで保存してあるのだ。これは局内の良識ある人々の、せめてもの抵抗だろう。「トランプ流」とはいえ、自分にとって都合の悪い情報を遮断するというやり方はあまりに大人げない。ため息が出る。

英科学誌「ネイチャー」は、毎年恒例の「影響力があった今年の10人」の1人にプルイット長官を選んだ。理由は「科学を台無しにした」業績だという。こんな皮肉も、長官本人にとってはどこ吹く風なのだろう。なにしろトランプという後ろ盾があるのだからね。

6月1日、トランプ氏がパリ協定離脱を宣言したのを受けて、プルイット長官がスピーチした。曰く、大統領の決断は「アメリカファースト」の公約に沿ったものだ。この決断は、忘れられた労働者やワーキングプアに勇気を与える。アメリカはすでに二酸化炭素を削減しており、これ以上の温暖化対策は経済成長の妨げになる。これからは、削減技術を、必要な国に輸出してあげよう。パリ協定離脱は正しい道で、各国に謝る必要はない……云々。

こういうのを「すさまじ」と言うのですよ。これで環境「保護」局長官とは、どの口が言う。そのトランプ政権が、今度は感染症や公衆衛生を担当する疾病対策センター（CDC）に横やりを入れた、という報道が、17年末に話題になった。米紙「ワシントン・ポスト」が報じたもので、予算関連文書に「科学的根拠」という語句を使わないよう指示したというのである。真偽のほどは藪の中だが、何よりも「根拠」を嫌うトランプ氏ならやりそうなことである。1月の就任式の参列者からして、実際にはありえない人数を発表するなど、「フェイクニュース」の発信源は、ほかでもない彼なのだ。

占星術師が政治に口を出していた時代ならまだしも、大国の大統領が、さしたる根拠なしに予算をつけたり、国策を立てたりしていたら大変なことだ。と書いたところで、占星術に凝った奥さんに口を出されていた大統領がいたことを思い出した。百歩譲って側近がしっかりしていればなんとかなるけれど、トランプ政権には、ろくな側近がいない。それも心配だ。

言うまでもなく、戦後世界の科学の中心は、米国であった。夢をかなえようと集まってきた多様な人種、多様な価値観、多様な才能の人々が競い合い、さまざまな成果が生まれた。彼らを有形無形で勇気づける豊かな経済があり、進取の気性を尊重する空気もあった。そしてそれをしっかりと支えるリーダーの存在が何より大きかった。

「1960年代のうちに人類を月へ送る」と宣言したのは若きケネディ大統領である。壮大な夢を、アポロ計画がかなえた。もっともケネディ氏自身は現場に立ち会えなかった。

生命の設計図である全遺伝情報を解読する「ヒトゲノム計画」。２００３年、解読完了を宣言したクリントン大統領は、「20世紀の科学進歩の中で最高の発見だ」と賞賛した。

そのクリントン氏は２０００年には、カリフォルニア工科大学でナノテクノロジー推進を宣言している。「議会図書館の蔵書すべてを角砂糖1個分の記憶素子に収容する」。小難しい技術や投資額はさておいて、シンプルなこのフレーズは、多くの人の心に届いただろう。

オバマ大統領は２０１５年に合意したパリ協定を、中国と同時に批准し、二大排出国としての責任を果たした。その前年には、二酸化炭素排出源である石炭火力発電所を削減する「クリーンパワープラン」を発表。石炭産業関係者の猛烈な反対意見に対してこう述べた。「石炭を掘って生計を立てている人々への、私たちの義務は、彼らに正直に話すことだ。彼らに、『経済はシフトしている』と言うことだ。私たちのエネルギーの使い方はシフトしている。それはここでも真実だし、世界的に見ても真実だ」

これを、荒れる成人式におそろいのラメ入り紋付き袴で集合しているソフトヤンキー男子（イメージ）に言わせるとこんな感じだ。「石炭？　今ごろ？　てか古くね？　だって地球、温暖化してんだぜ？　やばくね？　しかも時代は自然エネルギーっしょ。これ世界のじょーしき。俺らが将来、金持ちになって投資するならそっち。よろしく」

トランプ大統領の非常識な行動は、「オバマ路線の否定」という信念めいたものに基づいている。パリ協定からは離脱を表明し、クリーンパワープランもなし崩しになるだろう。理解を示す科学技術政策は今のところ、「月に再び人を送る」ぐらい。これも、月に眠るとされる豊富な資源を狙っての思惑と、その先の火星有人探査の壮大さが、自分の好みに合うからだろう。

古代ローマの英雄カエサルは「人は自分が見たいと思う現実しか見えない」という言葉を残している。こっけいなほどに自説を守ろうとするトランプ政権のやり方を見ていると、この大国の将来はどうなるのだろうと心配になる。そして、アメリカ追従を決め込む日本という国の将来も、どこか不吉な霧の向こうに隠れてしまうような気がするのである。

生物多様性

日本列島の自然は変化に満ちている。南北約3000キロ、北海道は亜寒帯、本州から九州は温帯、沖縄を含む南西諸島の一部は亜熱帯。しかも国土面積の7割が森林である。生き物の多様性もなかなかのもので、統計によれば固有種の数では世界トップクラスだそうだ。

変化を感じたくてよく沖縄に行く。ダイビングのライセンスも沖縄で取ったし、勤続20年休暇は石垣島で1週間過ごした。実はその頃、書き下ろしの本の原稿を抱えていて、あわよくばそれを書き上げようというもくろみだったのだが、行ってみて分かった。南国はカンヅメには向かない。毎日毎日、海岸に寝転んで本を読んだり散歩したり、見たことのない野菜や魚を市場で買っては料理して食べたりしていたら、あっという間に時間が過ぎ、結局、1文字も進まなかった。

そのころ東京は何十年に一度という大雪で都市機能まひ、とニュースが言っていたが、こちらではビーサンに短パンで磯を歩いて旬のアオサを摘み、味噌汁に入れて味わった。街路樹は真っ赤なハイビスカス。この国の気候の多様さを実感した。

本土では見慣れない植物の代表がガジュマルだろう。クワの仲間だが、成長するにつれて幹が枝分かれし、その枝から「気根」と呼ばれる細い根が生えてくる。あるものは地面へ潜り込んで幹のように太くなり、あるものは幹につる草のように巻き付く。その力といったら、締め付けられた幹がやがて枯れて腐ってしまい、中が空洞になるほどで、「シメコロシノキ（絞め殺しの木）」の異名もある。絡まる様子が「ガジュマル」という名前に変化したとも言われている。

滞在した宿の近くには島人の祈りの場「御嶽《うたき》」があって、大きなガジュマルの根元に小さなほこらがまつられていた。いわばご神木だ。ガジュマルの木には「キジムナー」と呼ばれる小さな妖精が住んでいると信じられているから、島人はガジュマルの木を大切にする。

本土では、ご神木といえばイチョウやスギと決まっているが、沖縄にはどちらもない。当然、花粉症の心配もない。毎年のあの季節に移住する人もいるらしい。

生物多様性という点で日本は世界有数の自然の王国なのだが、内閣府が成人1800人を対象に実施した調査では、生物多様性という言葉を「聞いたこともない」と答えた大人が52・4％もいた。ちょっと堅い語感がお役所言葉みたいで定着しないのだろうか。

地球上には、顕微鏡でないと見えない微生物から、体長30メートルを超えるクジラまでさまざまな生き物がいて、それぞれの役割を担っている。食べたり、食べられたりする「食物連鎖」によって生物同士がかかわりあう。

人間は食物連鎖の頂点ということになっているけれど、生物多様性が失われれば、種の絶滅が加速し、めぐりめぐって人類の生存を脅かすだろう。

世界自然保護基金（ＷＷＦ）の「生きている地球レポート２０１４」は、世界の野生生物の個体数が過去40年間で半分以下に減ったと指摘している。主な原因は開発と気候変動。いずれも人間の営みにかかわるものだ。「（減少を食い止めて）人類が自然と調和しながら繁栄できるチャンスを獲得すべきだ」と報告書は提案する。

「人類の繁栄にかかわる」と言えば、政治家や経済人や世論に訴えるのかもしれないが、生物多様性はそんな単純な動機で守るべきものではない。失われて初めてその尊さが分かるし、失われてから取り戻すのは難しい。

私たちは情報社会をあくせくと生きている。まるで、足が立たない深い海を抜き手で泳ぎ続けているようで、ひどく疲れる。

記者という仕事柄、余計にそうなのかもしれない。連日、締切と会議に追われ、情報は常に更新されなければならず、物事は理詰めで考えるべきもので、顔の見えない誰かを常に意識して、「攻撃は最大の防御」とばかりに自分を主張しなければならない。

そんな日々を過ごしていると、いつのまにか呼吸が浅くなり、眉間にシワが寄ってくる。都会の雑踏の中で、すれ違う人の荷物が体にぶつかったりすると、思わず舌打ちをしてしまう自分に気付いて、あぜんとする。

情報網も交通網も格段にスカスカだった江戸時代の人々は、今よりもずっと「人間らしい」時間の中に生きていたはずだ。そんなことを考える時は、写真家・星野道夫さんの本に手が伸びる。アラスカに長く暮らし、現地の自然や風土、エスキモーやインディアンといった先住民の豊かな文化を発信し続けた。

迫力のある写真作品より、詩情あふれる文章が私は好きだ。極北の短い春を祝福するようなお花畑、雪解けの土の匂い、冬眠中のクマの温かい息、トウヒの森を分け入っていく足音。彼のエッセイは、太古の昔からゆっくりと流れてきた時間を、一動物として五感で味わう喜びにあふれている。

「もうひとつの時間」というエッセイに書かれたエピソードが好きだ。南東アラスカの海でクジラを撮影する星野さんの取材旅行に、東京で編集者の仕事をしている女性が1週間、同行した。あるとき、クジラの群れに遭遇する。と、1頭のクジラが海面から飛び上がった。巨体は盛大にしぶきをあげて再び海中へと戻った。あぜんとする2人を、再び静けさが包み込む。

ブリーチングと呼ばれるその行動を、今まで何度か見てはいるが、これほど近くで眺めたことはない。人間は動物のすべての行動に解釈を試みようとするが、クジラが何を伝えようとしているのか、結局ぼくたちがわかることはないだろう。クジラはただ風を感じたかったのかもしれない、ただ何となく飛び上がってみたかったのかもしれない。(『旅をする木』文藝春秋)

クジラの気持ちなんかわかるわけもないし、わからなくていい。その巨体が宙を舞う様子をまのあたりにしたことに意味があるのだ、と星野さんは言っている。

東京での多忙な日々に戻った彼女が、ずっと後になって星野さんにこう語ったそうだ。東京であわただしく働きながら、ふと、この瞬間にアラスカの海ではクジラが飛び上がっているかもしれない。それを知ったことが、本当によかったと。

その星野さんは少年のころ、北海道にあこがれた。東京で通学の電車に揺られながら、今この時間に北海道で木をなぎ倒しながら森を歩いているヒグマのことを考えていた。また、世界のどこかで自分とは違う人生を生きている人々のことを思い、同じ瞬間を別々の生き物が共有していることに強く惹かれたという。

北の国への思いは募り、神保町で見つけたアラスカの写真集に載っていた、地の果てのような村の村長あてに星野さんは手紙を出す。今ならグーグルで村の名前を検索して、ユーチューブで動画なんか見て、行ったつもりになってじきに忘れてしまうかもしれない。でも星野さんは手紙を出した。あの時代は、そうするほかなかった。

はたして半年後に、村から手紙が届く。「手紙を受け取りました。あなたが家に来ること、妻と相談しました……夏はトナカイ狩りの季節です。人手も必要です……いつでも来なさい」

こうして19歳で初めて訪ねたアラスカに魅せられ、星野さんはアラスカで生涯を生きた。

みんな違ってみんないい

生物学者はかつて、物理学者に対して劣等感のようなものがあった、と何かの本で読んだことがある。生物の種類や振る舞い、生命現象があまりに多種多様なために、物理学のようにシンプルな法則や原理が通用せず、それゆえ学問として確立できていない、もしくは遅れていると考える人が多かったのだという。

生物多様性の大切さが認知された今では、逆にナンセンスに聞こえる。生命現象が化学式で表現される分子生物学の発展により、生物学自体が物理学に近づいている実感もある。

みんな違ってみんないい。生物多様性を端的に説明しろ、と言われれば、金子みすゞのこの詩の一節がぴったりくる。

朝咲いて夕方にはしぼむアサガオの花を、翌日まで咲かせ続けられる技術が開発されたという。茨城県つくば市の農研機構のチームは、アサガオの短命は老化遺伝子によるものだと考え、この遺伝子を突き止めて「エフェメラル1」と名付けた。エフェメラルとは、「はかない」という意味の英語(ephemeral)だ。

遺伝子組み換え技術を使ってエフェメラル1の働きを抑えてみたところ、花は24時間咲き続けた。何もしなければ13時間でしぼみ始めたというから、寿命が2倍以上に延びたことになる。研究チームによると、カーネーションやスイートピーを長く咲かせる薬はすでに発明されているそうだ。お花屋さんは、商品の持ちが良くなって助かるだろうか。買うほうも長持ちしたほうが、経済的には歓迎かもしれない。

ゲノムというデータに基づいて遺伝子を操作し、花の命をながらえたりできる時代になったのだ。一年中咲き続けるソメイヨシノとか、なかなか枯れないバラが登場しそうだ。だがそれこそ「すさまじ」の世界である。いっせいに咲いて咲き誇って、惜しげもなく散るからこそ、花に思いを寄せるのである。

科学技術が実現する世界が、日本人の感性まで左右することになるようだと、少し寂しい。

多様な生物がかたち作る生態系ができていくさまを、始まりから観察できる絶好の現場がある。小笠原諸島の西之島。小さな無人島だったこの島の近くで2013年、海底火山が噴火した。大量の溶岩が島を飲み込み、当初の12倍もの面積を持つ大きな島に生まれ変わった。

溶岩によってもともとの生態系がリセットされた西之島の自然はどうなっているのか――。噴火がおさまった16年10月、科学者たちが初めて西之島に上陸した。島には雑草が生え、トンボなどの昆虫や、アオツラカツオドリという海鳥がすみつき、繁殖も始まっていた。

絶海の孤島は、独自の生態系を形成する。有名なのは、チャールズ・ダーウィンが「進化論」を着想するきっかけとなった南米エクアドルのガラパゴス諸島だ。ダーウィンは島から島へ巡る中で、フィンチという小さな島のくちばしの形が微妙に異なっていることを見つける。それぞれの島で豊富なえさを食べやすいように、くちばしの形を変えて適応していたのだとダーウィンは考えた。

西之島へ上陸できるのは、限られた科学者たちだけだ。そのルールが興味深い。生態系に影響を与える虫や植物の種などを持ち込まないように、靴や衣服は新品。機材はクリーンルームで組み立てる。調査隊は、島から30メートルのところで船から海に荷物ごとドブンと飛び込み、海水で洗い流しながら泳いで上陸する「ウェットランディング」が義務づけられる。

小笠原諸島は東京都でありながら「東洋のガラパゴス」とも呼ばれる。生態系の実験場といえる。

サステイナビリティ

「生物多様性」と同じくらいの頻度で登場するようになったのが、「サステイナビリティ（持続可能性）」という言葉だろう。１９９２年、リオデジャネイロで開かれた地球サミットをきっかけに広がった。人類が子々孫々までこの地球で生き延びるために、地球を健全な姿で守る必要がある。目先の利益ではなく、「持続可能性」を意識して行動しよう――という考え方である。

我々の便利な生活は、絶滅の危機にある動物や植物を苦しめている。信州大学の金本圭一朗講師らが、こんな分析結果を明らかにした。環境問題を貿易など人間の経済活動の視点で分析するのが専門で、日本が外国から輸入している1万５０００種類の食べ物や木材などが自然にどんな影響を与えているかを予測した。

たとえばコーヒー豆を多く輸出するアフリカのエチオピアでは、アフリカゾウやヒョウのすみかがコーヒー農園に開発されている。スペインでは、ワインやオリーブ油を作る農場に電気を送るためのダムが建設され、稀少なスペインオオヤマネコの数が減っている可能性があるという。金本講師の推計によると、日本人の便利な暮らしを支えることで792種類の貴重な動植物が減っているという。

あまりに明快なので「ほんとかなあ」と眉につばをつけたくなるのだが、荒唐無稽ではないだろう。2013年に取材で訪れたボルネオ島（マレーシア）を思い出した。

ボルネオ島は世界で3番目に大きい島である。北半分はマレーシア領で「ボルネオ」、南半分はインドネシア領で「カリマンタン」と呼ばれる。

野生生物の宝庫であるこの島では、熱帯雨林がすごい勢いでヤシ農園に変わっている。農園では、西アフリカ原産のアブラヤシを栽培する。年に3回、実を収穫し、搾ると油が採れる。これが「パーム油」だ。単位面積あたりの収穫量が、菜種や大豆の8〜10倍も多く、コストも安い。健康志向のアメリカで重宝され、経済成長とともに栄養事情が上向きつつあるインドや中国などの大消費国も大量に輸入を始めた。

日本ではあまり知られていないが、成分表示欄に「植物油（脂）」などと書かれているものは、ほぼパーム油と思って差し支えない。スナック菓子、マーガリン、チョコレート、粉ミルク、即席麺、総菜用の揚げ油など食用はもちろん、シャンプーや化粧品、ろうそく、塗料など用途は広い。日本の輸入量は国民1人あたり年間5キロにもなるという。

問題は、需要が増えるほど熱帯雨林が切り倒されて農園に変わり、そこで暮らしているオランウータンやボルネオゾウのすみかが狭められてしまうことだ。動物園では人気者の彼らも、農園主から見ればヤシの実を食い荒らす「害獣」。毎年のように毒殺された野生生物が見つかり、現地で問題になっている。

動物からすれば迷惑千万な話だが、人間にも便利で豊かな生活を求める権利がある。消費者が正義感を発揮して輸入をやめれば、今度は生産者が食べていけなくなってしまう。ゼロか100かではなく、オランウータンと生産者と消費者が折り合える着地点を探すのが、まさにサステイナビリティ。

昔の私はこの言葉にうさんくささを感じていた。便利な生活も環境も守りたい、なんて聞こえはいいが、しょせん人間のわがままでしょ、開発したい人たちの方便でしょ、と思っていた。

しかし、人口は増え続け、限りある資源を争奪する時代になっている。1950年に25億人だった世界人口は、2010年には70億人を突破した。罪のない子どもたちが飢えて死に、自然災害が多くの人たちのすまいを奪うニュースに日々接していると、正義の味方でなくても「なんとかしなくては!」という気持ちになる。少なくとも明日明後日のご飯を心配せずに済む先進国くらい、サステイナビリティを考えて行動するのが責任ってものだ。考えが変わった。

世界では、このパーム油を食用だけでなく発電の燃料に使う動きがある。国際的な環境

ＮＧＯが「これ以上自然を破壊し、飢える人を増やしてはならない」と批判している。日本では輸入の85％が食用だが、加工食品に使われるため実態が見えにくく、自分の消費行動が自然を破壊している、という実感もわきにくい。

そうでなくても、食糧自給率が４割足らず（カロリーベース）というこの国では、豊かな食生活のために、大量の水と石油を消費している現実があるのだ。このことだけでも、サステイナビリティを冒していることにならないか。

ウナギと生態系

日本人のスタミナ食、うなぎの高騰が続く。幼い頃はすき焼きの次ぐらいのごちそうだったのに、今や本物のごちそうになってしまった。２０１６年9月に開かれた国際会議では、国際取引の実態調査が決まった。

日本人が食べるうなぎの多くはニホンウナギだ。13年には「近い将来に絶滅する危険が高い」として、環境省のレッドリストに載った。載ってはいるが、商取引を禁じるワシントン条約の対象にはなっていない。おかげでかろうじて、私たちはうなぎを食べられる。日本は、うなぎの世界最大の消費国である。

さて、うなぎはどのようにして店頭に並ぶのか。東アジアの海でニホンウナギの稚魚（シラスウナギ）を捕まえ、日本の養殖業者が育てて出荷する。高騰は、このシラスウナギの不漁と直結している。原因は不明だが、「日本で高く売れるから」と野放図に取りすぎた可能性が高い。このままでは絶滅してしまうと心配した欧州各国が、実態調査を提案した。

じっさい、日本が輸入しているシラスウナギには、生産地がはっきりしないものがある。密漁と知りつつ輸入すれば、日本は世界から批判されるだろう。最悪の場合、うなぎを金輪際食べられなくなる可能性だってある。

ここは科学の力を使って、うなぎの「完全養殖」を実現させられないものか。国内で育てた個体に卵を産ませ、その卵を人工的に孵化させて稚魚にし、大きく育てて出荷する。稀少な資源にダメージを与えない、完全なループ（環）の完成だ。

２０１０年、独立行政法人水産総合研究センターが「完全養殖に成功」と発表したものの、孵化の効率が極めて低いため、採算ベースにはほど遠いという。

世界有数のグルメ大国ニッポン。食文化の豊かさは、生物多様性と、自然の恵みと、外国のおかげであることを、忘れてはなるまい。

クマとの共生

多くの日本人にとっての「原風景」といえば、里山の風景だろう。緑したたる山々と、その姿を水面に映して稲が実る田んぼ、その向こうには家が並び、小川のせせらぎが水車をゆっくりと回す。都会に生まれ育った人でもこんな風景を見れば、なぜか懐かしいと感じ、「うさぎ追いしかの山～」と口ずさんでしまう。そして鼻の奥がツンとする。日本人のＤＮＡにすり込まれているとさえ思うこの風景、自然と人間とが上手に住み分けた「里山」である。

近年、その里山が野生動物のえさ場になっている。春先に多いのがクマとの遭遇。秋田県では死者が出た。東北だけではない。新潟、福井、山口、兵庫、岐阜などでも人がクマにかまれたり、クマが射殺されたりしている。

冬眠から覚めたクマが、腹ぺこでえさを探しているところに、山菜を採りに来た人間と鉢合わせするのが典型例だ。クマからすれば人間は、自分の縄張りに勝手に侵入して好物をかすめ取る失礼な生き物なのだ。

ただし最近はクマが山から里山に降りてくることが問題になっている。クマのえさであるどんぐりなどの木の実は、年によって不作だったり豊作だったりする。豊作の年には子グマの出産が増え、彼らを養うためにえさを求めて母グマが里山に降りてくる。栄養価の高い、人間の食べ残しをあてにしているのは間違いない。

過疎化が進み、山林の手入れが追いつかないことや、猟師が高齢化して引退し、個体数のコントロールがきかなくなっていることもある。イノシシやシカ、サルによる食害も、同様の背景がある。

考えてみると、昔は動物と人とが絶妙なバランスを保って共存していたのだと思う。

環境危機時計

環境破壊は、めぐりめぐって人類を滅亡へと追いやる。旭硝子財団がアンケートの結果をもとに算出する「環境危機時計」は、人間が感じる危機感を時刻で示す。時計の針が12時に近づくほど「危機的である」ことを表す。

世界130カ国の有識者2152人の答えを分析したところ、2017年の時刻は「9時33分」となった。前年より2分進み、2008年と並んで過去最悪だという。財団によると、9時を過ぎると「きわめて不安」とみなせる。

ちなみに、この調査を始めた１９９２年は「7時49分」だった。年によって多少進んだり戻ったりするものの、少しずつ悪化しているのだ。

地域ごとに見ると、もっとも危機感が強かったのはオセアニアの10時13分。逆に弱かったのは東ヨーロッパ・旧ソ連の8時47分で、日本は9時11分だった。

時刻を決める時に思い浮かべた環境問題を分析すると、全体のトップ3は①気候変動②生物多様性③水資源だった。

２０１７年は「米大統領選以降の政治状況が危機時刻の決定に影響したか」という質問もあった。これに対して米国の回答者の80％が「影響を受けた」と回答。世界全体でも55％が影響を認めた。

中国はＰＭ２・５による健康被害が深刻だ。英科学誌「ネイチャー」に掲載された論文は、ＰＭ２・５による大気汚染で２００７年に亡くなった人の12％は、住んでいる場所以外から運ばれてきた「越境汚染」が原因だったと推計した。

ＰＭは、粒子状物質（Particulate Matter）の頭文字。２・５は直径２・５マイクロメートル以下であることを示す。スギ花粉（直径20〜30マイクロメートル）の10分の1以下という小ささで、口から体内深くに入り込んで呼吸器疾患を起こす。そればかりか、心筋梗塞のリスクを高めるとも言われる。

排出源は自動車の排ガス、工場の煙、石炭火力発電所など。「世界の工場」とも言われる中国のお隣にすむ我々は、越境汚染を受けていることになる。

地球温暖化

地球が温暖化したら、暖かくなって過ごしやすくなる……と言っているトランプ氏のような人は、そろそろ冗談でも言わない方がよさそうだ。国連の気候変動に関する政府間パネル（ＩＰＣＣ）の最新の報告書（２０１４年版）は、地球温暖化の原因が人間の活動である可能性は95％と記した。

産業革命後の１８８０年以降、地球の平均気温は０・85度上がった。二酸化炭素の濃度は42％増。海面は19センチ上昇した。原因は、人為起源の二酸化炭素が15倍に増えたことだと考えられている。

このままいけば21世紀末の平均気温は、最大で４・８度上昇するそうだ。最悪のシナリオである「４・８度上昇」の場合、影響が出やすい北極では気温上昇幅が10度にもなる。

夏の間は氷がない状態が普通になり、氷を使って狩りをしているホッキョクグマは絶滅するだろう。すでに北極海では、夏の間の氷の面積が、この40年間で４割減っている。

そして海面上昇。予測では、世界で平均80センチ上がる。海抜が低い島国、たとえばツバルは消滅の危機に直面するだろう。日本も例外ではなく、たとえば海面が60センチ上昇すると、東京、大阪、名古屋の3大都市圏の「海抜ゼロメートル地帯」の面積が5割増えるという。ひとごとではない。

どうすればよいか。

ＩＰＣＣ報告書に、総括主執筆者としてかかわった三村信男・茨城大学長に話を聞く機会があった。総括主執筆者は簡単に言うと「執筆者のとりまとめ役」。世界各国の推薦で任命された60人が、3班に分かれて報告書をまとめる。三村さんは温暖化の影響や、気候変動にどう適応すべきかというテーマを任された。

三村さんは温暖化対策の専門家だが、気象学者ではない。大学時代は工学部で都市工学、水処理の研究をした。大学院を終えるころ指導教官にすすめられて所属したのが、海岸工学の研究室。高潮に備える堤防の構造研究などに取り組んだ。

転機は１９８８年。この年ＩＰＣＣが発足した。「海面上昇」の予測と対策を検討することになり、環境と海岸を研究している専門家として三村さんに白羽の矢が立った。

「そもそも、当時は温暖化の影響を専門にしている科学者はいなかった。初会合に出たら、世界中から集まった研究者はみな専門分野がバラバラでした」。三村さんは中国と南太平洋地域を任され、年2~3回は現地調査に出かけた。専門の研究機関はなく、頼れる人もいない。単身で現地に飛び込み、試行錯誤しながら調査した。

ツバルにも行った。首都フナフティは海抜3メートル。空港の滑走路は珊瑚礁の上にあり、台風が来ると波が滑走路を横切って反対側に流れ込む。地面が珊瑚礁なので、満潮になれば海水が地面からぷつぷつとしみ出してくる。住民はそれでも山手線の内側より狭い（面積は23平方キロ）この島で暮らしていた。

「海面が上昇したら、この国はどうなるのか」。住民たちは波の衝撃を和らげるためにマングローブを植えたり、海岸の家を手放して高台に集団移住したりした。最悪の場合は、比較的近いニュージーランドへの移住も検討しなくてはならない。「温暖化で、この国と文化を継続できなくなる。何を希望に生きていけばいいのか」と聞かれ、答えに詰まったこともある。

2万年待てない

ＩＰＣＣの最新の報告書は、多くの筆者が書いた原案をたたき台に、三村さんたちが1週間カンヅメになってまとめた。各国の利害が絡むので、推敲は容易ではない。原案には６５０カ所に注文が付き、それを反映させた2次案には900近い注文が来た。文字通り不眠不休で一文一文、議論し、ヨレヨレになって作り上げたのがこの報告書だ。心身ともに疲弊する大仕事だが、筆者たちに報酬は出ない。出張で大学を空ければ、帰国後は補講と大量の雑用が待っている。

どうみても割に合わない仕事だが、三村さんたちには使命感がある。「世界のあらゆる場所で影響があらわれ、それは経済や金融、安全保障に及ぶ。温暖化懐疑論者は『やがて地球は氷河期に入るから心配するな』と言うけれど、2万年待てるか。起きていることの原因を探るのと同時に、変化に適応することも必要です」

温暖化の影響は幅広い。もっとも身近に感じるのは、降雨や雪、気温といった天気の極端化だ。

1時間に50ミリを超すような「ゲリラ豪雨」は、今や珍しくない。2017年7月上旬の「九州北部豪雨」では、24時間雨量が福岡県朝倉市で545・5ミリ、大分県日田市で370ミリ。東京ではこの年、7月は猛暑、8月は長雨に悩まされた。

台風も顔つきが変わってきている。台風が生まれる南方海域の水温が下がらず、台風がたっぷりと水分をたくわえて成長してしまうのだ。

17年7月に太平洋上で迷走後、本州を縦断した台風5号は、発生から消滅まで19日18時間（7月20日〜8月8日）と歴代2位の長さだった。温暖化が進めば、日本に上陸する「スーパー台風」の数は、70年後には約4倍に増えるとの予測もある。

海外でも猛暑被害などが相次いだ。米海洋大気局（ＮＯＡＡ）によると、２０１７年の夏は「史上2番目の暑い夏」になりそうだ。

目の前の現実に目をそらすのは簡単だが、その分だけ大きなツケを次の世代に回すことになる。

死海が干上がる

子どもの頃、「世界の七不思議」という図鑑を見るのが楽しみだった。エジプトのピラミッドやミイラ、インカ帝国のマチュピチュの遺跡、その中に、海に浮かんで読書をする紳士の写真があった。死海という名前を、この時に知った。

イスラエルとヨルダンの国境にある死海は、海抜マイナス４００メートル。「世界で一番低い場所にある湖」として知られる。湖なのに海と呼ばれるのは、その大きさ（日本最大の琵琶湖より広い）だけでなく、塩分濃度が30％と海水の約10倍もあるせいだろう。

死海はいま、深刻な水面低下に直面している。原因の一つは気候変動。蒸発が降雨を上回り、水面は毎年1メートル近く下がっている。さらに、死海に唯一流れ込んでいるヨルダン川沿いの人口増加により、死海に流れ込む淡水の量も減っている。

2013年秋、イスラエルを取材で訪れたついでに、死海にも足を延ばした。死海を30年以上研究しているラザール博士が案内してくれた。死海のほとりにある、高さ10メートルほどの見晴らし台から、死海を眺める。驚いたのは「30年前は水面が目の前で、ここから舟をこぎ出していたのです」と言われた時だ。えらい勢いで水面が下がっているではないか。

七不思議の紳士のまねをしようと水着持参で行ったのだが、更衣室のあるホテルで「昔は目の前が波打ち際だったのよ」と聞かされた。今は着替えた後、砂浜をカートで1キロ近く移動してようやく波打ち際にたどり着くというありさまである。環境破壊が、加速度的に進んでいる。

状況を改善しようと、はるか南にある紅海と死海とを、長さ170キロの運河で結ぶ計画もあるという。紅海の海水を真水と濃い塩水に分け、真水は人々の生活に使い、塩水は死海に注ぐ。これによって死海の水面は復活、人々の生活も助かるというわけだが、ラザール博士はこの計画に反対している。

「死海とは言うけれど、さまざまなプランクトンが豊かな生態系を作っている。紅海から別の生態系が持ち込まれることで環境が変われば、取り返しがつかなくなる」

なるほど、マクロに考えて力ワザに持ち込むのが政治家なら、ミクロにこだわって地球を考えるのが科学者。中東の紛争地域で国際協力プロジェクトを実現する意義は認めるが、いちど壊れた環境を取り戻すのが容易ではないことも確かだ。

環境問題に積極的に発言した動物行動学者の日高敏隆さんはエッセイに「環境問題は人類が自然を制御しようと考えるところから発している」と繰り返し書いている。同感。人間が自然に対してできることは限られている。制御しよう、管理しようという発想を変えないと、環境を取り戻すための取り組みが、さらに新しい環境問題を生み出す悪循環になってしまう。

プラスチックごみ

プラスチックは20世紀の偉大な発明の一つだ。さまざまな形に成形でき、軽くてさびない。

1950年以降、世界で作られたプラスチック製品の総量は、重さにして83億トン、と米ジョージア大学の研究チームが推計した。どのくらいの量なのかさっぱり想像がつかない。乗用車が1トンとして83億台分。地球上に住む人がもれなく自動車を持っても余るほどの重さ。しかもプラスチックは軽くてかさがあるから、体積に換算すると途方もないはず。だいたいそんな途方もない量のプラスチック、この狭い地球上に置いておけるのか?

そう思って論文をさらに読むと、そのうち63億トンはごみになり、大半がリサイクルされずに燃やされたり埋められたりしたという。

もったいなさすぎてめまいがする。

日本ではプラスチックのリサイクルが定着している。一般社団法人「プラスチック循環利用協会」によると、日本のリサイクル率は83％。世界がまねしてくれれば、こんなことにはならないが、話はそう簡単ではない。

プラスチックは石油から作られる。石油を精製してナフサという液状の成分を取り出し、それを加工する。軽くて便利な半面、紙や木など自然由来の素材と違って分解されにくく、いつまでも残り続ける。リサイクルは、それを化学的に分解すると同時に石油資源を節約する一石二鳥の解決策なのだ。

さて、研究チームの推計によれば、用済みになった63億トンのうち、リサイクルされたと推定できたのはわずか9％だった。残りは文字通りごみ。12％が焼いて処分され、残る79％は埋めたりそのまま捨てられたりした。

この「燃やさないプラスチックごみ」が今、新たな環境問題を生み出している。

風に運ばれ、紫外線によって粉々に割れ、5ミリ以下の「マイクロプラスチック（ＭＰ）」に姿を変えて海に流れ込む。それらが水中の有害物質を吸着し、小魚がえさと一緒に取り込み、食物連鎖を通して大型の魚や鳥が汚染され、最後は人間の健康を脅かす。

環境省が九州大学と協力して、日本周辺の沖合と東京湾など沿岸の１００地点を調べたところ、世界平均の27倍もの量のＭＰが存在していた。別の調査では、人間の生活圏から遠く離れた南極海にまでＭＰが広がっていることが分かっている。

ＭＰは、21世紀の環境問題の主役になるだろうと言われている。２０１５年にドイツで開かれたＧ７サミットでは、この問題を「世界的な課題だ」と指摘。17年のイタリア・ボローニャでの環境大臣会合も「地球規模の脅威だ」として国際的な対応を急ぐよう求めた。

現在、世界で産出する石油の約８％がプラスチックに加工されている。しかし、リサイクルが進まない現状では、ＭＰは増える一方だ。２０５０年には、ＭＰの重量が海生生物の総重量を超えるとの予測もある。

さて、人類は何をすべきか。リサイクルをもっと進めることは大前提。あとはプラスチックごみを出さないことだ。

使い捨てのプラスチック製品は、日常生活にあふれている。レジ袋だって、「いりません」と言うのが遅れてついついもらってしまうが、日本は1人あたり1年に３００枚も消費しながら、法規制がない珍しい国なのだ。ＥＵは、レジ袋などのプラスチック製品に課税して総量を減らす方針を打ち出し、加盟各国に呼びかけることを決めた。

買い物はエコバッグ持参。過剰包装は断る。暮らしの中でできることを考えて実践するのみ。これはもはや理屈ではない。モラルの問題だ。自分の家の中や庭はきれいにするくせに、公共の場所にごみをポイ捨てする人がいたら「イヤな奴だ」だと思うでしょう。それと同じことを、我々は平気のへいざでやっているわけです。

メタンハイドレート

天然資源に恵まれていない日本は、工業製品や発電、燃料などに使う石油の99%、天然ガスの97%を外国から輸入している。輸送の手間と環境負荷を考えるだけでも無駄が多いことは分かっている。エネルギー安全保障から見ても心もとない。そんな折、愛知県沖の海底から、メタンハイドレートを天然ガスとして世界で初めて取り出したというニュースを知った。

通常は気体のメタンも、低温高圧の海底では、水分子でできたかごの中に閉じ込められてドライアイスのような固体になる。火をつけると、閉じ込められたメタンが燃えるので「燃える氷」とも呼ばれる。大昔の地球に生きていた動植物の死骸が海底に積もり、長い時間をかけて変化した化石燃料の仲間である。

日本列島の周囲には、国内で消費する天然ガスの１００年分に相当するメタンハイドレートが眠っているそうだ。これを取り出して活用する技術が、20年近くかけて開発された。冒頭のニユースは、その最初の成果である。5年以内の実用化を目指しているという。ちょっと待てよと思う。人間というのはどこまで強欲なのだろう。石油を掘り尽くし、メタンハイドレートで息継ぎをし、100年分を掘り起こして使い切ったらまた「足りない」と嘆くのは子どもでもできる。

メタンには二酸化炭素の20倍以上の温室効果があり、掘り出すことで地球温暖化が加速する心配もある。そろそろ、地球に負担を与えない再生可能エネルギーの確立に本腰を入れる時期ではないだろうか。というか、遅すぎて取り返しのつかない状況がすぐそこに見えていると何故気づかないのだろう。

核のごみ

人間の計画性のなさとわがままを突き詰めていくとここに行き着く、と半ば確信しているのが高レベル放射性廃棄物、いわゆる「核のごみ」の問題だ。

東京電力福島第1原発が2011年に事故を起こす前、日本には54基の原発があった。1970年に国内初の商用原発が稼働して以来、日本政府と電力各社は、巨額のカネと手間をかけて原発を増やしてきた。しかし、使い終わった核燃料をどうするかという問題は、後回しにされた。

福島の事故は、「安くてクリーンなエネルギー」という原発の安全神話を崩壊させたが、核のごみという古くて新しい問題にも注目が集まるきっかけになった。

いまや、原子力を安くてクリーンだなんて本気で思っている人はいない。福島原発が水素爆発を起こして大量の放射性物質が放出され、国境を越えて地球の環境を汚した。そして廃炉には途方もない時間とお金と手間がかかる。

さて、核のごみ問題である。日本は「核燃料サイクル」政策を掲げている。使用済み核燃料から、再利用できるものを取り出して原発で使い、ごみの量を最小限に抑えた上で、地中深くに埋めるという方針だ。ところが、この国策は、絵に描いた餅状態に陥っている。

全国の原発で生じた使用済み核燃料を、再利用可能な形に加工する青森県六ヶ所村の再処理工場は、完成時期の延期が繰り返されている。運営事業者は２０１７年12月、24回目の延期を発表した。

そういえば大阪に「閉店セール」を看板とする安売りの靴屋さんがあって、そこがついに本当に閉店することになり、全国からファンが押しかけた、というニュースがあった。こちらは「開店セール商法」、あるいは「やるやる詐欺」とでも言おうか。

同じ使用済み核燃料から取り出したウランとプルトニウムを使って「ＭＯＸ燃料」という特殊な燃料に加工する工場も計画されているが、未完成だ。

こうした施設で使う前提で、使用済み核燃料を一時保管する中間貯蔵施設も青森県内に建てられた。だが青森県が「再処理の見通しが立つまでは受け入れない」と渋っている。受け入れた後に核燃料サイクルが破たんすれば、「中間」ではなく「最終（永久）」貯蔵になってしまうことを警戒しているのだ。

全国の原発の敷地内には、これまでに出た使用済み核燃料が保管されている。保管場所がそろそろ満杯に近づく原発もある。これは、福島のような地震や津波が来れば、保管中の燃料が危険にさらされることを意味する。

ここまで聞いただけで「もう無理でしょ」と思ったあなた、続きがあるんです。

ＭＯＸ燃料を使い、投入した以上のエネルギーを生み出す夢の原子炉「もんじゅ」（福井県）は、２０１６年末に廃炉が決まった。構造の特殊さと扱いの難しさから、１９９１年に完成した後、25年間でわずか２５０日しか運転しなかった。

さしずめ、鳴り物入りでドラフト1位で入団した新人がバッターボックスどころかベンチにも入らないまま引退するようなものだ。普通なら「給料泥棒」と皮肉られるだろう。

もんじゅは、建設から廃炉決定までの間に1兆円の税金が使われた。さらに廃炉となれば、解体も難事業だ。世界に前例がほとんどなく、未知の危険が待ち構えている。最新の試算では、廃炉完了は２０４７年。それまでに少なくとも３７５０億円の税金が追加で必要になる。

まるで、穴だらけのバケツのように、水を入れればダダ漏れ、破れかぶれのこの政策を、どこまで信じて応援するか。利害を共有する事業者と政府は、自分の胸に手を当てて再考してほしい。

最終処分

さて、最後の問題。核のごみをどこに埋めるか。どっこい日本は地震大国である。無数の活断層があり、地震のリスクを考慮すればするほど、埋める場所探しは難しくなる。

２０１７年７月末、最終処分場の建設を念頭に、列島を４色に塗り分けた日本地図が公表された。活断層や火山に近いエリア、軟弱な地盤、１万年以内に火山噴火による火砕流が到達したことが明確な場所は「不適」とされた。炭田や油田、ガス田がある地域も「子孫が誤って掘り返す危険がある」として回避された。

どちらにも該当しない残りの地域は「好ましい特性が確認できる可能性が相対的に高い」とされ、特に沿岸部は輸送に便利だという理由から「より好ましい」と判定された。国土面積の65％、１５００以上の自治体が「処分場建設を検討する余地がある」ことになり、「ウチに来たらどうしよう」と冷や汗を浮かべている。

清掃工場や産業廃棄物埋め立て場などの迷惑施設の建設が、住民の反対運動にあうというケースがよくあるが、ごみはごみでも高レベル放射性廃棄物だ。「厳重に包んで地下深くに埋め、放射線が弱まるまで置いておく」というのが原則だが、安全なレベルになるまでに10万年かかる。長い。長すぎる。受け入れを決めた人々は、とうに生きていない。子々孫々までその存在を受け継ぐ必要がある。そのころに日本があるのか、日本語で書いた注意書きが通じるのか、人類は果たして存在するのかも不透明な、遠い遠い将来のことを、いまを生きる私たちが決めなくてはならない。

トイレのないマンション

最終処分場は、建設場所決定までに20年以上かける。決まってから深さ300メートルの穴を掘り、ごみを埋め始めるまでに10年以上。建造には3兆円かかる。

埋め始めてから、坑道を完全に封鎖するまで60年。優に100年がかりの大事業だ。せめて、場所が決まって穴を掘り終わるまでの間はごみを増やすまい、と考えるのが常識だが、政府は原発の再稼働を急いでいる。モタモタしている間に、核のごみは確実に増えていく。

日本の原発は「トイレのないマンション」にたとえられてきた。ごみの捨て場所がないのに、見て見ぬふりをして50年近く原発を動かしてきた政府の責任は重い。これを「すさまじ」と言わずになんという。

もちろん、恩恵だけを享受してきた我々にも責任はある。

原発は、原爆開発を目指す米軍のマンハッタン計画から生まれた。1938年に発見された核分裂反応が原点だ。アインシュタインが提唱した有名な公式「$E=mc^2$」は、「とても小さなものでも巨大なエネルギーを生み出せる」ことを意味し、原子炉に応用された。

科学者の好奇心が生み出した成果物は文明を豊かに彩る一方で、不幸ももたらした。それ自体に文句をつけるつもりはないけれど、それを使う側には、高度な倫理観が求められたはずだ。

「原発はクリーンなエネルギー」だろうか。有機物を燃やすわけではないから、大気中に二酸化炭素やPM2・5のような有害物質はそれほど出ない。

その点では「クリーン」かもしれない。じっさい、日本は今、世界から批判されている。原発事故後、電力の供給不足に備えるために、石炭火力発電所が急増した。地球温暖化対策で二酸化炭素削減を掲げながら、火力発電所を稼働すれば、二酸化炭素を排出する。

毎年開かれる温暖化対策の国際会議では、国際NGOが温暖化対策に後ろ向きな国に皮肉を込めて贈る「化石賞」の、日本は常連だ。

それどころか、日本政府は、エネルギー需要が増えている東南アジア諸国に石炭火力発電技術を輸出しようとしている。

先般公開された外交文書で、聞き捨てならないことが明らかになった。１９８６年に旧ソ連（現ウクライナ）でチェルノブイリ原発事故が起きた直後に東京で開かれたＧ７サミットで、議長国の日本が反原発の世論が高まることを心配して、声明の書きぶりに「手心」を加えていたという。

チェルノブイリ事故は、国際原子力事象評価尺度で世界最悪の「レベル７」の事故である。同時に、冷戦下のソ連が情報を出さなかったことで、大量の放射性物質が国境を越えて拡散した。日本は、事故発覚から２日後の５月１日付「厳秘」文書で、サミットでは原発政策の必要性を再確認する前提に立って、国際的な事故通報システムの構築を提案するという「裏技」を練っていた。その３日後、赤坂の迎賓館で開かれたサミットでは、当時の中曽根康弘首相が主導し、声明の原案にあった「事故への懸念」という表現を削除したうえで、「今後とも、安全第一の考え方に立って推進」という記述におさめたという。

安全神話を神話のままにしておきたい政府の意向が見て取れる逸話だ。結局、この四半世紀後、福島原発の事故で神話は崩壊した。

原発が日本の経済成長に、ある程度貢献したことは認めるが、サステイナブルかというとまったく違う。燃料となるウランは輸入に頼るしかない。原子炉はメンテナンスに途方もない手間がかかる。廃炉にはさらなる費用がかかる上、大量の放射性廃棄物を生み出す。こうした費用のすべてを、電力会社は電気料金に上乗せするから、決して安いエネルギーにはならない。まして「トイレのないマンション」問題が片付いていない。

それでも「原発は必要だ」という人がいるとしたら、私はその人の良心を疑わざるを得ない。日本は、八方ふさがりの国策「核燃料サイクル」を返上し、脱原発にかじを切るべきだ。それで浮いた費用を、省電力技術の研究開発に投資する。送電ロスの少ない電線や配電システムの改良で、発電量は減らせる。人口の一極集中が進む今後は、地域ごとに小さな発送電網を構築したほうが、無駄がない。

一方で、環境に負荷を与えない再生可能エネルギーの研究に、もっとカネをかけてほしい。今は太陽光が主力だが、日本は海に囲まれている。波力や潮力は使えないか。火山がこれだけ集中しているのだから、地熱だって活用できるはずだ。

素人の私でも思いつくようなことを、国にできないわけがない。不思議でならない。すべきことをせず、できないことばかり追いかける。「あるべきところに、あるべきでないものがある」状態を「すさまじ」というなら、私にとって原発をめぐる現実は、まさに「すさまじきもの」である。

III

おぼつかなき もの

心がザワつく、気がかりな話

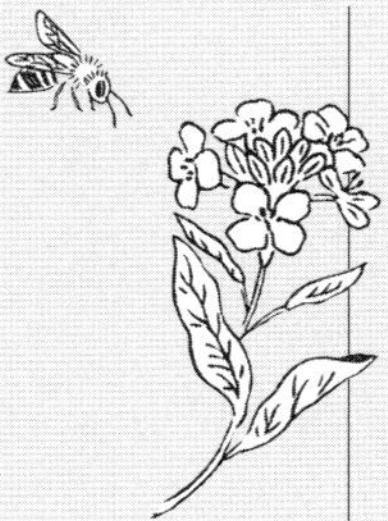

【覚束無き物】

対象がぼんやりとしていて、はっきり知覚できない状態。またそういう状態に対して抱く不安・不満の感情。

ものごとがはっきりしない様子を「おぼつかなし（覚束なし）」と言う。おぼろげ、の「おぼ」だ。はっきりしないと居心地が悪いし、気がかりである。清少納言は「おぼつかなきもの」として、十二年間も山にこもって修行するお坊さんの母親を挙げた。たしかに大切な息子が消息も分からないまま山にこもってしまったら不安に違いない。

宮仕えに出たばかりの不慣れな者に大切なものを持たせて使いに出したが、その使いがいっこうに帰ってこないとき、とも。道に迷っているのではないか、先方で失礼があったのでは。もしや大切なものを壊したり無くしたり、トラブルに巻き込まれてはいないだろうか。心がザワつく。今ならばＬＩＮＥで「何やってるの？」と聞くこともできるだろうが、千年前では気をもみながら待つしかなかった。

人は、もやもやした状態を長い間我慢することが苦手な生き物だ。白か黒か、はっきりしてほしいと考える。そこに一見、もっともらしい答えが提示されると、真偽はともかく飛びついてしまう。

いろんなデマは、こんな心理を巧妙について流布されることが多い。現代人は輪をかけてせっかちになっている。しかしそれよりも科学技術の進歩の方が早いので、腕を組んでじっくり考える時間もなくなっているようだ。

「ガタカ」が描く未来

「ガタカ」（GATTACA）という映画がある。遺伝情報が人間の価値を決める未来を描いている。題名は、ＤＮＡを構成する四つの塩基（アルファベットのA、C、G、Tで表される）を並べた造語だ。作品中では、その人の遺伝情報が、採用から昇進にいたるまですべてのキャリアにおいて考慮される企業の名前として登場する。

主人公ヴィンセントは、このガタカ社に勤めるエリート宇宙飛行士。来週には土星へ行くミッションを控えている。しかし実はジェロームという名の「別人」になりすましている。

水泳選手で容姿端麗、ＩＱは高すぎて測定不能というジェロームは、交通事故で下半身不随の障害を負った。成功者としての人生を諦める代わりに、自分の優れた遺伝的形質を他人に提供することにした。そこに現れたのがヴィンセントだ。

ヴィンセントはジェロームと同居して彼の生活費をまかなう代わりに、血液や尿を提供してもらう。ガタカ社は毎朝の出勤時に血液や尿を調べて不審者の出入りを厳しくチェックしており、ヴィンセントにとってジェロームの体液は、なりすますために欠かせないのだ。

さて、ヴィンセントは自然妊娠で生まれたのだが、これは作品が描く未来においては「不適正」とされている。誕生直後に足の裏から一滴の血を採られ、分析器がはじき出したのは「心臓疾患の確率99％、寿命は30・2歳」という運命だった。遺伝情報から病気のリスクありと判定されたヴィンセントは、「新下層階級」に分類され、職業選択の自由すら奪われた。

悔やんだ両親は、次の子を違う方法で作る。体外受精した夫婦の受精卵の中から病気のリスクが低くて長生きしそうな男児を選びだし、さらに「若ハゲ、アル中」といった歓迎されないリスクも遺伝子操作で取り除いた上で母親の子宮に入れた。果たして、狙い通りの弟が生まれる。

この映画の冒頭に示される時代設定は、「そう遠くない未来（the not too distant future）」とある。映画が公開された1997年当時は、「未来のいつか」であった。しかし、私たちはもう、その入り口に立っている。

人もサルもミミズも、突き詰めればDNAに書かれた四つの塩基の並び方に還元されることが分かったのは20世紀後半のことだ。

細胞の一つ一つには、遺伝情報を書き込んだDNAが折りたたまれ、46本の染色体の形で納まっている。これらをほどいてつないで伸ばすと、約2メートル。そのうち2％には、さまざまなたんぱく質を合成するためのレシピが書き込まれている。これを「遺伝子配列」と呼ぶ。

パソコンを動かすためのプログラムを思い浮かべるといい。一見、意味の通じない数字やアルファベットの羅列だが、実は意味があり、そのプログラムに従ってパソコンは計算をし、指令通りに働く。

ヒトの場合、遺伝子は約2万種類。それぞれに特定の働きを担う。この遺伝子が欠損していたらこの病気、この遺伝子が働けばこんな特徴ある外見、という具合に「一対一」の場合もあれば、複数の遺伝子の相互作用によって一つの形質が発現する場合もある。

私と兄や姉が、同じ親から生まれながら性格も姿形も違うように、このＤＮＡの構成は一人一人違う。違う部分は全体の0・1％程度とごくわずかだけれども、これだけ多様な個性が作り出される。肌の色や目の色など、持って生まれた形質は、基本的に一生変わることはない。その意味では、私のＤＮＡが私の運命を決めている、という言い方は正しい。

ただ、「氏より育ち」ということわざがある。血筋よりも育つ環境によって人格は作られる。努力次第で、人はどんな人物にもなれる。

一方で、天性の才能という意味では「鳶が鷹を生む」ことはあまりない。「ガタカ」が描く世界はまさに、生まれ持った遺伝情報だけで人を「優れている／劣っている」の二つに分類し、それ以上の努力をさせない社会である。

米国が主導した「ヒトゲノム計画」は2003年に完了した。30億対の塩基配列を完全解読するのに、13年間の歳月と3000億円のカネが費やされた。ところが、21世紀に入って高性能な解読装置（次世代シーケンサーという）が登場し、今では1日あれば、1人の人間のゲノムが

10万円で解読できる。

「わたし」の生命の設計図は1日で解読でき、生物としての格付けも、ことによっては可能な時代が来ている。もちろん、私がそれを望む限りはとても便利な技術だが、私の髪の毛や歯ブラシを誰かが手に入れて、私のゲノムを勝手に読むことだって不可能ではない。それが就職や結婚や、生命保険の加入審査において考慮される時代が来ないとは、残念ながら言い切れない。

ゲノム編集

ＤＮＡを読む技術は確立した。ＤＮＡのどこに遺伝子があり、その遺伝子がどういう役割を担い、どんな病気と関係があるかもある程度分かってきた。となれば、書き換える技術はどうか。「ゲノム編集」。米国とフランスの女性科学者が見つけた。２０１２年に論文が発表されると、その簡便さと効率の良さで、世界中に広がった。

遺伝情報を書き換えて、遺伝子の働きを止めるような操作は、従来「遺伝子組み換え」技術が担ってきた。しかし技術的な限界から、なかなかうまくいかない時代が長く続いてきた。

ゲノム編集技術はこれを解決した。発見者のジェニファー・ダウドナ米カリフォルニア大学教授は、自伝的著作『CRISPR(クリスパー) 究極の遺伝子編集技術の発見』(文藝春秋)で、こう解説する。

ゲノムを、まるでワープロで文章を編集するように、簡単に書き換えられるのだ。特定の形質を決める遺伝子コードさえわかっていれば、CRISPRを使ってどんな動植物のゲノムの遺伝子でも挿入、編集、削除することができる。このプロセスは、従来のどの遺伝子操作技術よりもはるかに簡単で効果的である。

CRISPRというのは、その操作をする際、切り貼りするハサミの役割を担うたんぱく質の名前だ。この先、DNAと並んで「ゲノム編集」「クリスパー」という単語がニュースにたびたび登場する時代が来るだろう。

農業ではすでにこの技術が生かされている。病気に強いイネ、日持ちのよいトマト、芽の毒が少ないジャガイモなどなど。これまでは根気強く交配を繰り返して何年がかりかで品種改良したものや、失敗を重ねても実現が難しかったものだ。

動物への応用も始まっている。筋肉ムキムキのビーグル犬は、筋肉発生を制御する遺伝子の塩基配列をたった1文字変えるだけで可能になった。

カシミアヤギをゲノム編集すると、よく太って長い毛を持つ個体ができる。肉がたくさん取れるうえに、毛は高級カシミアとして高値で売れる。いいことずくめではないか。

問題は、これを人間に適用することだ。ヤギに使えるなら、人にも使えるだろうと、誰かが考えない方がおかしい。今は倫理的な観点から控えられているが、中国では2015年、ヒトの受精卵にゲノム編集を加える実験が行われた。

たとえ子宮に戻さない前提としても、それはクローン人間と同様、「デザイナー・ベビー」に直結する。その行き着く先は、「優れた」形質を備えた人を最上とし、その対極にある個性を「劣っている」と見なして多様性を排除しようとする優生思想である。

優生思想といえばナチスドイツがとった史上最悪の人種政策である。しかし同じ考え方に基づいて、障害者らに不妊手術を強制した歴史が、米国や日本にもあることを忘れてはいけない。

その名も『デザイナー・ベビー』(丸善出版)という本を驚きつつ読んだ。日本語訳は2017年に出版された。「ガタカ」が描いた世界は、技術的には実現可能な水準まで到達しつつあると結論づけている。それを目指す企業も紹介されている。

著者はカリフォルニア大学教授で分子生物学者でもあるポール・ノフラー博士。彼は、ゲノム編集技術が登場した以上、デザイナー・ベビーの誕生は「数年以内だろう」とした上で、さまざまな立場の人々の意見を紹介しながらその反倫理性を諄々と説いていく。

博士は、本の中でデザイナー・ベビーを「GMOサピエンス」と命名している。GMOとは遺伝子組み換え生物(Genetically Modified Organisms)のこと。害虫に強いジャガイモや、除草剤をまいても枯れないトウモロコシのように、「望ましい」形質を備えたヒトを作るため、受精卵の段階で遺伝子に手を加えた生物、というわけだ。生まれてきたGMOサピエンスは、改変された形で遺伝子を次の世代に継承していく。

ノフラー博士は、発展途上のゲノム編集技術をヒトに使うのは、リスクの高い「実験」でしかないという。

なぜなら、時代や地域によって「望ましい」形質が流行のように変化していくことや、希望通りでない赤ちゃんが生まれた場合に誰が責任を取るのかなど、問題は山積みだ。そして何より、GMOサピエンスが主流になれば、自然にゆだねた「ホモ・サピエンス」は異端であり、親の責任放棄とみなされる可能性が高い、と指摘する。

映画「ガタカ」では、むしろそんなディストピアの恐さというより、生まれつきのハンディキャップを克服しようとするヴィンセントの奮闘を描いた。「遺伝的適正者」として生まれながら、障害を負ったジェロームとの間の同志愛といってもいい友情や、「完璧」な弟との葛藤を通して、「不完全でもいい。それが人間なんだ」というメッセージが強調されている。

ヴィンセントが、正体を見破った職場の女性と恋に落ちるのは象徴的だ。映画のポスターには「人の心の遺伝子などない」とある。このコピーに全面賛成。誰かを好きになるのは、その人が遺伝的にすぐれているとか関係ないのだよ。

しかし考えてみると、この映画は、デザイナー・ベビーなど作ってはいけないし、だいいち不可能だという前提があるからこそ成り立つような気もしてくる。その前提がもはや歯止めにはならないと仮定して、「どこまでの遺伝子改変が許されるのか」という議論は、今から始めておいた方がいい。

染色体の不具合などで発病が避けられない病気を防ぐためならば許されるか。性別を選ぶのはどうか。致死的な病気ではなくても、たとえばアレルギーのない子どもを望み、実現させるのはぜいたくか。目の色や髪の毛の色まで選ぶのは親のわがままか——。

ノフラー博士はこう説いている。

「私たちの人生の豊かさの大部分は、私たちの不完全さ、奮闘、個人差によってもたらされる。(中略)私たちの子どもたちのために、遺伝学によって完全な存在という幻のようなものを追求することは、逆に彼らの人生の意義や多様性を失わせることになるかもしれない。(中略)一般の人たちにとってより健康な人生を送ることは、社会が追究すべきまっとうな目的であるが、遺伝子組換えはそこに向かうための明確な道ではない」

遺伝子ドーピング

生物としての優劣が如実に表れるのがスポーツだ。より速く、より遠くへと記録を伸ばそうとする選手の思いは共通で、ドーピングがなくならないのもそうした背景がある。

最も多いのは薬物ドーピング。筋肉増強剤や、脳から興奮物質を多く出す薬を競技前に注射したり飲んだりする。瞬発力や持久力が向上するよう、自己血を輸血して赤血球を増やす方法も過去には問題になった。

１９６０年のローマ五輪では、興奮剤を過剰に摂取した自転車競技の選手が死亡した。五輪で初めてドーピング検査が実施されたのは１９６８年のグルノーブル冬季五輪。

ドーピング技術も進歩している。たとえば遺伝子を操作して筋肉や瞬発力を強化する「遺伝子ドーピング」の登場は時間の問題だと言われている。ゲノム編集技術が登場したとなれば、現実味はにわかに高まる。

既にＩＯＣ（国際オリンピック委員会）は２００３年に遺伝子ドーピングを禁止。世界アンチドーピング機構（ＷＡＤＡ）も翌年には遺伝子ドーピング専門部会を発足させた。

だが、現在のように、尿や血から特定の物質が検出されて発覚するといった検査手法では、遺伝子ドーピングを見破れない可能性が高い。

「ガタカ」のように受精卵段階から遺伝子に操作を加え、足の速い子どもが生まれる。「オリンピックの100メートルで金メダルを取ってほしい」という親の期待に応えて、素質のあるその子はトレーニングを積む。ところが、オリンピックに出てみると、スタートラインに並んだ8選手全員が、同じように操作で改造された人だったりするわけだ。

つまり「ずるがずるでなくなる」世界が広がっているとしたら、もはや善悪の線引きはどこにあるのか分からなくなってしまう。

今世紀末には、陸上男子100メートル走は7秒台の闘いになっていたりするのではないか。そんな話をテレビでご一緒しているビートたけしさんにしたら、「ドーピングした選手だけが出る部門とか作ればいいんだよ、それはそれでみものなんじゃないの?」とおっしゃった。

時代が変われば常識も変わらざるをえなかったりして。

盗まれる個人情報

ゲノムは究極の個人情報である。まあ自分はそんなの調べる気もないし、大丈夫ですよと思っているかもしれないが、プライバシーということでは、意外に他人に把握されているものだ。アマゾンで本を買えば、次にアクセスした時に「あなたにお勧めの新刊」が表示される。それはネット上に自分の購入履歴が蓄積され、「こんな本を買う人はこんな本も好きだろう」と予測するアルゴリズムのおかげである。これをリコメンド（推薦）機能と呼ぶ。これも、私以外の人が読めるようになればプライバシーの流出である。

写真に写る時、「ピース！」とカメラに向かってVサインをすることも危ないそうだ。昭和生まれの場合、Vサインをすると、人差し指と中指の指紋が写真に写る。最近生まれた若い人たちは「裏ピース」なのでその限りではない。そうしたデジタル画像から指紋を盗み取ることが可能であることを、国立情報学研究所が実験で証明した。

被験者がピースサインをしている様子を、5メートル離れた場所からデジタルカメラで撮影する。その画像をコンピューター上で拡大すると、指紋の形がくっきりと判別できる。

研究所はその情報を使って、表面の凹凸を再現した「にせものの皮膚」を作った。

もしも被験者が、自分のスマホやパソコンの起動に指紋認証を使っていれば、この「フェイク皮膚」で他人がなりすますことは簡単だ。

一方で、指紋の情報を盗まれない技術も開発したという。マニキュアのような液体を指先に塗って特殊な模様を貼り付けると、指紋そのものは変わらないのに、写真に写した時だけ別の指紋に見えるという手品のような技術である。2年後をめどに、広く使ってもらえるようにしたいという。

指紋や瞳の虹彩の模様は、その人だけが持つ特徴を備えている。だから犯罪捜査はもちろん、本人確認のために使う機会が増えている。

パスポートチェックの際に虹彩の情報を使う空港もある。たしかに、顔の特徴なんて整形手術をすれば簡単に変えられるが、虹彩の情報まで変えることは難しい。

銀行のＡＴＭ（現金自動預払機）に使えば、暗証番号を忘れて焦ったりすることはなくなるし、自宅玄関のカギとして使えば、カギをなくしてうちに入れないなんてこともなくなる。でも、安心な反面、破られたり盗まれたりすると、損害も大きいことは覚えておく必要がある。

夢を解読する

私はけっこう夢を見る。楽しい夢を見て、声を上げて笑い、自分の笑い声で目が覚めるということが時々ある。怖い夢も見ているのかもしれないが、そういうのは目が覚めた瞬間に忘れることができる特殊な才能があるようだ。なんて脳天気なの私は。

夢の中に、思いがけない人が出てきて慌てることがある。たまたま宴会で隣同士になった同僚と、いつもよりたくさん話した後、酔っ払って帰り、眠ってしまった時など、なぜかその人と2人きりになっていたり、なぜか夫婦のような状態になっていたりして、夢の中でうろたえている。もちろん、翌朝その人に「夢に出てきたよ」なんて言ったりしない。夢の中身も、できれば他人には知られたくない個人情報の一つだろう。

国際電気通信基礎技術研究所（ＡＴＲ）のチームが、夢の一部解読に成功したという。

被験者は男性3人。脳の活動をリアルタイムで測れる特殊な装置の中で眠ってもらう。人が夢を見るのは、「レム睡眠」と呼ばれる、体は寝ていても脳が起きている状態の時である。脳波から、レム睡眠に入ったことが分かると、すぐさま起こして「どんな夢、見てました？」と尋ねる。実験はこの作業を繰り返し、出てきたキーワード（本、車、女性など）を約60個集めた。そして、キーワードごとに特徴的な脳活動パターンがあることを確認した。

続いて、目覚めた状態の被験者にキーワードの写真を見せた時の脳活動パターンを調べると、高い確率で一致していた。

つまり、キーワードと脳活動パターンをセットで登録しておけば、断片的ながら夢に何が登場しているかは類推できるというわけだ。チームによると、的中率は最高7割にもなったという。

ただし、夢で重要なのは、「何が登場するか」だけでなく、それらがどんなストーリーを展開するかだ。映画を録画するように見た夢を再現するのは、まだまだ先のことになりそうだ。

ATRは「ブレーン・マシン・インターフェース」という技術の開発を目指している。病気やけがで体が動かなくなっても、頭の中で強く念じたことをコンピューターが解読し、ロボットや機械に伝えてくれる技術で、今回の「夢の解読」も、その応用例といえる。

科学は数々の夢をかなえてくれる一方で、「そんなことまで頼んでないよ」ということまで実現してくれたりする、いわばアンビバレントな存在だ。

記者として科学を取材するようになったのは2001年。いわば「科学のド素人」として取材を始めた私には、見るもの聞くもの、出会う人、みなオドロキの連続であった。

誰も気づかないような謎を見つけ出し、じっとそれに取り組んでいる科学者や、ゴールが見えている競争の中で、一日でも早くそこにたどりつこうとしている科学者に出会った。一流の科学者たちは、子どものような好奇心と、崇高な使命感を併せ持っている。尊敬もしている。

あれから20年も経っていないが、最近は科学の進み方が早すぎて、とまどいを覚える時もある。

AI

内閣府の「科学技術と社会に関する世論調査」は、科学技術と社会の間で起きるさまざまなできごとについて、国民の受け止め方や意識を定点観測している。毎回、同じ質問をすることで、時代時代で世論がどう移り変わっているかも分かる。

「科学技術が発展して不安に感じることは？」という質問で選択肢の中から複数回答で選んでもらった。２０１７年調査のランキングは次のようになった。

サイバーテロ、不正アクセスなどのＩＴ犯罪　61％
地球温暖化や自然環境破壊などの地球環境問題　52・２％
遺伝子組換え食品、原子力発電などの安全性　49・５％
クローン人間、兵器への利用などに関する倫理的な問題　43・７％

情報が氾濫し、どれを信じればよいかわかりにくくなる　37・2％
人工知能（ＡＩ）などの発達により、人間の仕事が奪われる　32・5％
人間的なふれあいが減少する　32・1％
先進医療技術などが普及しても、一部の人しか恩恵を受けられない　31・6％
科学技術の進歩が速すぎて、自分がついていけなくなる　27・3％

過半数の人がＩＴ社会の「副作用」に不安を感じている。これは、今日明日、自分が被害を受けるかもしれないという不安だ。同じく、環境問題への不安も過半数だが、こちらは少し長期的な心配といっていい。「特に不安を感じない」は3％に届かないから、今の科学技術のあり方について、大半の人が「大丈夫なの？」と思っていることは間違いない。

比較できる２００７年の調査から目立って伸びたのが、「人工知能（ＡＩ）などに仕事を奪われる」という答え。10％だったのが、3倍以上に増えた。ＡＩスピーカーだの、ＡＩ搭載掃除機だの、ＡＩが採用面接をするだの、進出めざましいのは事実だが、「仕事を奪われる」心配を、そろそろした方がいいのだろうか。

ＡＩと人間の共生に関しては、２０１５年12月に野村総合研究所が出した報告書が衝撃的だった。端的に言うと「10～20年後には、日本の生産人口の49％が従事している職業が、ロボットやＡＩに置き換えられる」と予測した。

これは、「今後10～20年程度で、アメリカの総雇用者の約47％の仕事が自動化されるリスクが高い」と予測した英オクスフォード大学のマイケル・Ａ・オズボーン准教授の発言と符合する。

ＡＩに置き換えられる職業の代表例として、事務員、タクシー運転手、スーパーのレジ係、銀行の窓口係、ビルやホテルの清掃員などが挙げられた。

公道試験も始まっている自動運転技術は、本格導入されれば運転手の何割かは失業するだろう。買い物客が自分で商品をレジに通して決済する「セルフレジ」は、コンビニやスーパー、衣料品店で普通に見られるようになった。すでにそういう時代が始まっている。

報告書には、代替されにくい職業も列挙されている。医師、教師、研究者、美容師、コンサルタント、評論家、などだ。単純作業やその延長上の仕事より、ゼロから何かを生み出すクリエイティブな仕事や、対人スキルを要求される仕事は、しばらく安心ということだろう。

大切なのは、こうした予測をどう受け止めるかだ。

これから日本社会は縮んでいく。少子高齢化がさらに進み、生産人口は確実に減る。既に人手不足が顕在化し、「売り手市場」の中でキツい仕事は不人気業種になり始めている。

ならば、ロボットやＡＩが代替できる作業（あえて仕事とは言わないでおこう）はそれらに任せて、人間ならではの作業や創造的な仕事に取り組むという考え方は、かなり現実的で合理的だ。

もっとも、単純作業に特化した教育や職業訓練を受けた人たちに、いきなり「クリエイティブにお願いします」と言っても難しいだろうから、ＡＩやＩＴ社会の負の側面は、どちらかといえば社会を引っぱる人より支える人たちにとって、よりつらいものになると私は思っている。

ちなみに、将来を占うという意味では、こんなものもある。米ニューヨーク市立大学のキャシー・デビッドソン教授の「２０１１年度にアメリカの小学校に入学した子どもの65％は、大学卒業時に今は存在していない職に就くだろう」との予測だ。子どもがあこがれる職業に「ゲームクリエイター」「アニメーター」「ユーチューバー」なんていうのが登場する時代になるとは、昭和生まれは想像もつかなかったよね。確かに。

ＡＩ兵器は許されるか

さて、そのＡＩが悪いことに使われる典型的なケースが、軍事利用だ。

米軍が開発した無人機の攻撃を受けて、民間人が亡くなることが問題化している。国連人権理事会に提出された報告書によると、２００４年以降、アメリカ軍がパキスタンとアフガニスタンで行った無人機攻撃により、少なくとも４５０人の無実の人が犠牲になっているのだ。

無人機だから、パイロットは搭乗しない。1万キロ以上離れた米大陸のオフィスで、オペレーターが衛星通信を使って操縦している。無人機に載せたカメラで地上を撮影し、それを専門家が敵と判断すれば、ミサイルや爆弾を遠隔操作で発射する。

時には勘違いして無辜の市民を攻撃したり、巻き込んだりする。２００1年の米同時多発テロをきっかけに、「テロとの戦い」が錦の御旗となり、自国の兵士の犠牲を減らしつつ敵をやっつける技術として発展した。

オバマ前大統領は無人機について「有人機より安く造れるし、米兵を危険な外国に行かせないで済む」と説明した。「核なき世界」を訴えてノーベル平和賞までもらったオバマ氏が、無人機を容認したことはダブルスタンダードともいえ、強い違和感を覚える。

いま、新たな問題として浮上しているのは、ここから一歩進んだ、「キラーロボット」とも呼ばれるＡＩ兵器だ。正式名称は「自律型致死兵器システム」。

無人機の場合、敵かどうかを見分ける作業や狙撃の判断には人間が介在していたが、ＡＩ兵器はそのすべてをゆだねる。暮らしを便利にするはずのロボット技術がこんな目的に使われてしまっている。

こうした動きに対して、26カ国の科学者や技術者ら１１６人が２０１7年夏、「ＡＩ兵器を開発しないで」と呼びかける国連宛ての書簡に署名した。

世界チャンピオンを降した囲碁ソフト「アルファ碁」の開発元・英ディープマインド社のムスタファ・スレイマン共同創業者や、電気自動車テスラのイーロン・マスク最高経営責任者（CEO）らが加わっている。2015年にも1万2000人の署名が国連に届けられている。この時には宇宙物理学者のホーキング博士や、アップルの共同創業者であるウォズニアック氏らが署名した。

書簡は「現在の技術で実現は可能だ」と指摘し、AI兵器の開発を「火薬と核兵器に次ぐ第三の革命」にたとえた。

火薬の一種であるダイナマイトは第一次世界大戦、核兵器は第二次大戦で導入された。原爆は広島と長崎で20万人以上の命を奪った。

AI兵器が不気味なのは、ダイナマイトや核兵器に比べ、格段に手間と費用が抑えられるという点だ。兵器の心臓部分はコンピュータープログラムだから、簡単に大量コピーできる。火薬や核兵器と違って生身の兵士が危険な目にあう心配もない。

つまり、開発のハードルがきわめて低い。軍事産業がAI兵器を大量生産し、貧しい国に売りつけて潤い、その貧しい国が戦争でたくさんの弱者を殺す。そんな世界が想像できてしまう。

歴史を振り返ると、軍事研究からイノベーションが生まれることは珍しくない。いやむしろ、戦争に勝つという最大の目的のために、国家は人手もカネも惜しまず投じる。その結果、偉大な発明がなされるという皮肉な側面がある。

軍事目的で開発された技術が企業などによって民生化されることを「スピンオフ」と呼ぶ。たとえばインターネットは、もともと戦争の指令などを同時に複数の部門が共有できる連絡網として米軍が発明した。カーナビになくてはならないGPS（全地球測位システム）も、軌道を回る衛星によって、地球上のどこにいても自分の位置を特定できる技術だ。

デジカメはその監視に欠かせない撮影技術だし、携帯電話は戦地で持ち運べる連絡手段として考案された。もうわしら、これらの一つでもなかったら暮らしていけんもんね。あっぱれ米軍。いや、必要は発明の母とでもいおうか。

意外なところではティッシュペーパーもスピンオフ技術だそうだ。第一次大戦中、脱脂綿の代用品として発明され、ガスマスクのフィルターとして使われた。戦後、大量に余ったこの素材に目をつけたのが米キンバリークラーク社。メイク落としに使えると着想し、１９２４年、「クリネックス」ブランドで発売したのが始まりだ。

古い例だと、19世紀、クリミア戦争で負傷兵が脱ぎ着しやすい防寒着として考案されたカーディガンがある。Vネックのセーターの前身頃を切り開き、ボタンをつけたのが始まりだとか。発明者が第7代カーディガン伯爵だったことから、この名前になったそうだ。

腕時計は19世紀、やはりイギリス軍兵士が砲撃のタイミングを計るため、懐中時計を革のベルトで手首にくくりつけたことで誕生。トレンチコートも第一次大戦中にイギリス軍が塹壕戦での防水・防寒用コートとしてデザインしたものが、後に街着として定着した。

戦争で武器の次に重要なのは兵站、つまり食事である。缶詰は1810年に英国軍が発明したと言われる。

イギリスに1年間住んだが、あの国の食文化は19世紀初頭からさほど進歩していないように思える。なにしろ、パスタの缶詰が売られていたのには驚いた。

あるとき、興味本位で買ってみた。缶切りで開けてボウルに移してみたら、どろどろのトマトソースの中に、やわらかなマカロニ、いや、マカロニのようにふやけた麺が浮かんでいた。途端に食欲が失せ、そのまま見なかったことにして流しに捨てた。パスタを缶詰にしちゃいかんでしょう。イタリア人が逆立ちして怒りますよ。

ちなみに、カレーなどでおなじみのレトルトパックは、1960年代のアメリカの発明である。宇宙食を衛生的なまま保存する方法として考案された。アポロ計画で使われたあと、ベトナム戦争に持ち込まれたそうだ。これは民生技術が戦争に使われる「スピンオン」と言えるだろう。日本は憲法で戦争を放棄しているので、軍事研究といってもピンと来ないかもしれない。しかし、研究をしていないわけではない。

自衛隊の防衛装備品に応用できる最先端研究を公募し、研究資金を助成する防衛省の「安全保障技術研究推進制度」は、2015年度の創設以来、年ごとにその額を上積みし、17年度予算は前年度の6億円から一気に110億円に増えた。17年度は104件の応募があり、前年度の44件から急増している。

「安全保障目的といいながら、戦地で使われる技術に応用可能なので、実質的な軍事研究だ」との批判はアカデミアにも根強い。だが受給した研究者のホンネは「研究費がもらえれば、出どころは問わない」というところかもしれない。

じっさい、米軍の研究費が、日本のロボット研究者らに支給されていた。毎日新聞のスクープ（2017年2月8日）によると、2010年から6年間に、のべ128人が米空軍から総額8億円を受け取っていた。ミサイルや化学兵器を研究しているわけではない。たとえば計算科学や最先端素材の研究者たちだ。論文として研究室を出るまでは、純粋な科学研究。しかしその果実はスポンサーである米軍の知るところとなる。その新素材が兵器に使われたり、ミサイル防衛やキラーロボットの制御に使われたりしないとは、保証できない。

「学者の国会」とも呼ばれる日本学術会議は1967年、「軍事目的のための科学研究を行わない声明」を採択している。第二次世界大戦中、陸軍と海軍がそれぞれに原爆開発をもくろんで、湯川秀樹や仁科芳雄ら物理学者を「動員」した反省に基づいている。

ちょうど50年後の2017年、声明を見直す議論が始まったが、前述のスクープがきっかけとなり、前例をそのまま踏襲するという結論に落ち着いた。

その一方で「研究に善悪はなく、研究を禁じるのは学問の自治に反する。成果をどう使うかは、使う人たちの倫理観の問題だ」という意見にも一理ある。

暮らしを便利に豊かにする使い方と、人を殺し、戦争に勝つための使い方。こうした用途の両義性を「デュアルユース」と呼ぶ。

これらの技術は、米国防高等研究計画局（ＤＡＲＰＡ）が支えてきた。１９５８年、国防総省の下部組織として創設されたこの研究所は、インターネットやＧＰＳ、ステルス技術などを開発した実績がある。

ＤＡＲＰＡの支援を受けて成長を遂げた企業の中に、アイロボット社がある。マサチューセッツ工科大学（ＭＩＴ）発のベンチャー。過酷な環境で働くロボットの製造を手がけ、１９９６年には地雷除去ロボットを開発した。その後、２００１年のアメリカ同時多発テロでは、がれきの中から生存者を探し出すロボットとしても活躍した。

こうした技術開発の中から生まれ、最も親しまれている商品の一つが、お掃除ロボット「ルンバ」である。

円盤型の形状。部屋の隅々まで動き回って、ゴミやホコリを見つけると、小さなブラシをシャカシャカ動かして吸い込む。電池が無くなりかけると、やや慌てた様子でホームポジションに戻り、自ら充電をする。

初号機が米国で発売されたのは２００２年。少し遅れて日本でもデビューしたが、実家にこれが来たときには、黙々と働くルンバを、父が追いかけ続けるという不思議な光景が展開された。「外出している間に床をお掃除してくれる」という触れ込みだが、我が家の場合は、床に這い回るコードを片付けたり、椅子をみなテーブルの上に置いたりと、「掃除のための掃除」が必要なようで、だったら自分で掃除した方が早くね？　と思ったが、親が喜んでいるので黙っている。

同じＭＩＴ発ベンチャーで気を吐いている「ボストン・ダイナミクス」のロボットは、同じロボットでも二足歩行を得意とする。最新技術を詰め込んだ「アトラス」の性能を撮影した動画が、同社のウェブサイトに公開されていた。見ているうちに、なんだか怖くなった。

身長１５０センチ、体重75キロのアトラス君（たぶん男）が、床に置かれた木箱の上に器用に飛び乗り、再び床に飛び降り、最後はバック宙返りを決める。まるで人間のように、着地する時には両膝で衝撃を和らげ、宙返りの前には少しかがんで力をためる。着地後、誇らしげにガッツポーズまでする。失敗する様子を撮った動画もあって、試行錯誤を重ねたことが分かる。

別の動画では、アトラスが段ボール箱を棚から持ち上げて運んでいる。途中で荷物を人間が棒でたたき落とすと、何度でも拾い上げる。背中を棒で強く押されて転んでも、ひょいと起き上がるのだ。

「怖い」と思ったのは、アトラスがもしＡＩ兵器として戦地に投入されたらどんな活躍をするだろう、と想像したからだ。叩いても、倒しても、何事もなかったかのように追いかけてくる。本当に怖いと思う。

たまたまその動画を、埼玉県の県立高校の全校生徒に講演した時に見てもらい、印象を聞いた。

「すごい、と思った人？」と聞いたら、９割が手を挙げた。

「こわい、と思った人？」と聞いたら、少し時間をおいて半分ぐらいが挙手した。

「かっこいい、と思った人？」と聞いたら、数人が手を挙げた。

ボストン社は、ソフトバンクの傘下に入っている。ひょっとすると、あのかわいいペッパー君が思いっきりバージョンアップして、アトラスのようになる可能性だってゼロではない。だったら家にいてほしくない。

百歩譲って、たとえば坂口健太郎くんそっくりの「皮」をかぶせたらどうだろう。私が寝たきりの病気になった時、坂口君の皮をかぶったアトラス君が、かいがいしく食事の介助をしたり、お姫様だっこしてお風呂に入れてくれたりしたらどうだろう。愛情がわくだろうか。

軍事研究のことを考えながら、本屋で見つけて購入した『兵士を救え！ ㊟軍事研究』（メアリー・ローチ著、村井理子訳／亜紀書房）が面白かった。軍事研究といっても兵士をさまざまな困難から守るための研究が紹介されている。著者は米国の著名な女性サイエンスライター。

たとえば「チキン砲」。航空機にとって墜落につながりかねないリスクの一つが、鳥がエンジンに吸い込まれたり、操縦席の窓に衝突して視界が失われたりするバードストライクだが、そうした緊急事態に対応できる軍用機開発に向けた研究である。丸焼き用のニワトリを、オーブンではなくミサイルの先端に詰めてぶっ放すという実験を大まじめにやっている。ニワトリは飛べないはずなんだけど、まいっか。

紛争地や戦地は、ほぼ例外なく不衛生である。現地の食事や水に当たっておなかがピーピーになっても、兵士は闘わなくてはならないし、特殊部隊の戦闘員はじっと潜伏していなくてはならない。そんな過酷な状況でピーピーになったらどうするか、という研究もあった。

白眉は、致命傷になりかねない傷にウジ虫を這い回らせて治す「マゴットセラピー（ウジ虫療法）」の最前線である。1917年、第一次世界大戦下のフランス。重傷を負った兵士2人が雑木林に7日間横たわった後に収容された。そのときの様子を、本ではこう説明している。

傷口に何千というウジ虫がうごめいていたのだ。それは吐き気をもよおす光景で、この忌まわしく、気味の悪い生き物を洗い流す措置が急いで行われた。そして傷口は通常通り食塩水で洗われたのだが、そこに現れたのは驚くべきものであった。傷口には、想像をはるかに超えた美しさの、ピンク色の肉芽組織が広がっていたのだ。

衛生兵としてこの症例に立ち会ったウィリアム・ベールは、兵士が発熱しておらず、壊疽の兆候もないことに感動し、ウジ虫が傷にひそむ悪玉菌を食べて感染から救ったのだと考えた。

終戦後、ベールはウジ虫を無菌の状態で繁殖させ、医療に使う手法を確立した。米国ではすでに定着し、この日本でも自由診療ながら導入する医療機関が増えている。抗生物質が効かない薬剤耐性菌に冒された傷や、糖尿病の合併症である足組織の壊死などの治療にウジ虫が活躍しているそうだ。

米国では、戦地で発見されたこの治療法を、再び軍隊内に呼び戻す研究がまじめに行われているという。まさに必要は発明の母。そして自然は偉大であることよ。

ＡＩ（人工知能）は今や、時代を語るキーワードだ。

２０１６年、ＡＩは囲碁で人間に勝利した。チェス、将棋で人間を打ち負かした後、「囲碁で勝つには10年かかる」と言われていたのが、あっという間に追いついた。

アルファ碁を開発したグーグルの子会社「ディープマインド」によると、アルファ碁は「ディープラーニング（深層学習）」という方法で腕を磨いた。他人、時には自分と対戦しながら、不利な手は選ばず、勝てる手をどんどん使い、効率的に最適な戦い方を選べるまでに「学習」したのだ。

スポーツ選手が練習を重ね、試合での反省点を生かしてさらに練習したり、受験勉強で過去の問題を繰り返し解いて、手早く解くコツを身につけたりするのと似ている。

開発者のデミス・ハサビス氏は幼いころ、チェスで天才的な能力を発揮し、大学ではコンピューター科学を学んでゲーム会社を設立。その後、大学院で脳科学を研究した。「ＡＩの研究には人間の脳の仕組みの理解が欠かせない」という理由からである。

国立情報学研究所などが開発に取り組んだ受験ＡＩ「東ロボくん」も話題を呼んだ。日本の最高学府、東京大学の受験問題で合格点を取ることを目標に２０１１年から研究がスタート。一定の成果を収めて２０１６年に終了したが、東大合格は難しいものの、青山学院、法政、中央など、ＭＡＲＣＨと称される私立大学であればパスできる学力を身につけた。

東大が難しい理由は、どの教科でもまんべんなく高得点を取ることがＡＩには難しいためだという。東ロボくんは、数学や世界史で高得点をたたき出す一方、国語や英語、物理などは苦戦した。

ＡＩは、記憶と計算は得意とする一方で、我々人間にとっては何ということもない作業が難しい。たとえば簡単な文章を理解する「自然言語理解」と呼ばれる課題は、ＡＩが乗り越えるべき大きな壁の一つだという。

例えば、「1日3台の車を作っている工場があります。12台作るには何日かかりますか？」という文章問題。九九を習っていれば即座に「4日」と答えられるのが人間。人生経験が少ない東ロボくんには、まず「車」や「工場」の意味を理解しなくてはならない。さらにそれらの関係が理解できないため、計算まで行き着かないというのだ。

ＡＩは１９６０年代に最初のブームが起きた。このときには、コンピューターの計算機能が低すぎて不発に終わった。2番目のブームは80年代。そして今が第3のブーム。研究者たちは「ブームに終わらせない」ことを最大の使命に、日夜研究に励んでいる。

苦手とされる生活経験を使った判断や、人間の感情を理解することが可能になれば、ＡＩの未来は明るいかもしれない。

ＡＩに小説を書かせる研究も始まっている。２０１６年には、ＡＩに書かせた小説が、星新一賞の一次選考を通過していたことが判明した。

このプロジェクトの提唱者の一人、松原仁・はこだて未来大学教授は、１９８０年代からＡＩの研究を続けてきた日本の草分け的存在である。

松原教授は言う。

「人間の知性は理性と感性に分けられると思います。理性は、論理的思考とか複雑な問題を解く能力で、これまでのＡＩ研究は理性を対象としてきました。これからは感性に挑戦します。難しいけど、理性と感性の両方がそろっていないと、人間の知性に近づくＡＩとは言えないと思います」

つまり、小説を書かせるという作業は、人間の「感性」をＡＩが獲得することにつながる、と考えているのだ。

感性というなら、絵画や音楽だっていいと思うが、松原教授は小説にこだわる。「失礼だけど、カンバスに何か描けば絵、何か音を出せば音楽と見なせる。良しあしは別として。小説は、何か字を書いてもそれが意味を持たなければ小説にはならない。日本語の文章として成り立たせることが圧倒的に難しいんです」という。

星新一が１０００編以上のショートショートを残していることも好都合だという。深層学習をさせるには作品数が多いほどいい。コンピューターは長文を書くことが苦手なので、一編８０００字程度のショートショートを書かせるという目標が手ごろなのだろう。

研究が本気で進めば、10年後にはライトノベル程度ならＡＩが書ける時代はやってくると私は思っている。しかも彼らは無尽蔵の知識があって、疲れを知らない。

４００字書いては昼寝し、２００字書いては飲みに出かけるようなぐうたら作家（私のことね）とは違い、誤字脱字の極めて少ない、完成度の高い作品を量産するだろう。もっともそれが、読んで心地よいかどうかは別の評価軸だ。

ある講演会で「ＡＩが芥川賞を取る時代が来ますか？」と聞かれたので、「あるかもしれません」と答えておいた。ただ、その頃には審査委員にもＡＩが任命されていて、「この段落はあの小説のパクリ」とか「このストーリー展開はあのドラマのパクリ」などとチェックしてくれるだろうと思っている。

スマホ依存

平日は毎朝、地下鉄で通勤している。座席がすべて埋まっていて、ぎゅうぎゅうではないけれどまんべんなく人が車内に立っているような混み具合の車内でざっと数えてみた。

スマホとにらめっこしている人、8割。寝ている人、1割。文庫本または単行本を開いている人、まばら。新聞を開いている人、2、3人。

私はといえば、乗っている15分かそこらの時間に、スマホで数独を解くのが習慣になっている。つまり「スマホとにらめっこ」の一員であります。

びっくりするのは、ぎゅうぎゅうに混んでいる時でも、頑固に両肘を張ってスマホとにらめっこしている人たちが多いこと。

もうほんとにぎゅうぎゅうで、「きをつけ」の姿勢で立っているしかないような状態でも、スマホを眺めなくてはならないような人生の一大事があるのだろうか……と思ってのぞきこんだら、くだらないゲームとかくだらないLINEとかくだらないインスタとかくだらない通信販売とかくだらない……いや、その人にとってはくだらなくないのだろうからやめておこう。

ともあれ、日本人のスマホ依存症はそろそろやばい段階に入っているのではないかと思うきょうこのごろである。

2017年の暮れには、やっぱりというかついに、「ながらスマホ」による死亡事故が起きてしまった。加害者は、川崎市に住む女子大学生(20)。スマホを見ながら電動アシスト自転車をこいでいて、歩道を歩いていた77歳の高齢女性をはねた。女性は転んで頭を強く打ち、病院で死亡が確認された。

警察によると、加害者の女子大生は左耳にイヤホン、左手にスマホ、右手には飲み物を持っていたそうだ。曲芸じゃあるまいし、どうやって運転するのか不思議でたまらない。本人もここまでの深刻な事態になるとは思っていなかっただろうが、結果責任は重大だ。警察署は翌年2月、加害者を重過失致死容疑で書類送検した。

だいたい、人の注意力というのはきわめて限られる。聖徳太子なら7人の言うことを同時に聞き分けられたかもしれないが、音楽を聴きながら運転もし、目はスマホを見ていたとなれば、弁解の余地はないだろう。

スマホはガラケーに比べて画面が大きいので、高齢者ほど持った方がいいと思うが、若年層への浸透はすごい。高校1年生の9割がスマホを持っており、半数は毎日3時間以上スマホを使っている、という調査もある。

確かにパソコンは重くて高くてかさばって、立ち上げるのに時間がかかってすぐに固まる。その点、スマホは軽くて小さくて安くて電話もできて、スイッチを入れればすぐに使える。片手で持って指ですいすい操作できて……と、いいことずくめと言えるだろう。

私は地方の国立大学で授業を持っているのだが、授業の課題とか提出期限とか、集中講義の時間変更などの連絡は、電子メールでは学生に伝わらないことを学習した。

自分自身はLINEをやらないので、連絡事項があればリーダー的な学生に伝えて、それをLINEグループに流してもらうのだ。

理系の国立大生はまだ自分用のパソコンを持っているが、文系の私大生などは、リポートもスマホで打っちゃうなんて聞いたことがある。社会人になってパソコンを初めて使うなんて人が、近いうちに出てくるだろう。

スマホ依存は小学生から始まっているようだ。小学4～6年生の6人に1人がスマホを使っている、という調査結果がある。

スマホに触る時間をどう捻出しているかというと、「勉強時間を削る」が最多で17%、「睡眠時間を削る」が12%。「スマホを使う時間が長い子どもほど、学力テストの成績が悪い」。文部科学省はこんな分析結果を公表して、スマホとのつきあい方を再考するよう求めている。

科学技術の未来を考える時、私はちょっと心配になる。

もっと強く、もっと楽ちんに、もっとたくさん。そんな方向へと雪崩を打って発展していく科学技術は、下り坂をかけおりるトロッコのように、誰にも止められないのではないか。科学者や技術者が高い倫理観を持っていたとしても、それだけではブレーキにならないのではないか。

最初は「不幸（不便）な人を助ける」目的で編み出された技術が、お節介を増して「より多くの人を便利にする」目的になり、行き着く先は「使わない人は非常識」な技術になる。そんな世界が立ち現れ始めている。就職活動といえば履歴書を志望企業に提出することから始まるが、そのエントリーシート（と最近は呼ぶ）もオンラインでなければ提出できない仕組みになっていたりする。貧しくてパソコンが買えない学生もいるだろう。多くの人を便利にする技術が、そこに入りきれない人を排除する一例だ。

次々と更新されていく情報が、ぐるぐると私のまわりを取り囲んで、知らず知らずのうちに溺れそうな自分がいる。

手っ取り早いのは、あらゆる情報から自分を切り離すことだ。「デジタルデトックス」と呼ばれたりもする。

スマホや携帯電話の電源を切り、SNSはもちろん、ラジオも聞かない、テレビも見ない日を、月に1日ぐらいは確保したいと思う。思うが、できていないんだなあ。

日差しの暖かさを肌で感じながら、ソファに大の字になってぼーっとして「ヒマだなあ……」と感じる。そんな時間も大切だ。そう、ナマコ博士こと本川達雄先生のいう「ナマコ天国」だ。

科学の世界は一見、原因と結果がすっきり、きっぱりと対応しているイメージがある。そんな部分も実際にあるし、わかりやすくて結構なことだが、読む人の想像力をかきたてる魅力には欠ける。「ユルさ」というのか、遊びというのか。科学にはまだまだわからないことが多いから、じわりじわりと行きましょう、という気持ちが私の中では強まっている。

子どもの感性の違いを表すこんなエピソードがある。ある教師が「雪がとけたら何になる?」と尋ねた。ある生徒は「雪がとけたら水になります」と答えた。またある生徒は「雪がとけたら、春になります」と答えた。

どちらも正しい。そして、2人の生徒に見る理性と感性を併せ持った人に、これからの科学研究をお願いしたいと思うのだ。

私が深呼吸をしたくなった時に開く星野道夫のエッセイ「ガラパゴスから」(旅をする木/文春文庫)に、こんな一節を見つけた。今までは別の文章に紛れて読み流していたのかもしれない。

考古学の調査でアンデス山脈におもむいた探検隊のキャラバンが、あるときシェルパの人々のストライキに遭遇する。給料を上げるから早く出発してくれ、と条件を出すが、耳を貸さず、その場所から一歩も動こうとしない。現地語を話せる隊員が理由を聞くと、シェルパの親玉はこう語ったという。

「私たちはここまで速く歩き過ぎてしまい、心を置き去りにして来てしまった。心がこの場所に追いつくまで、私たちはしばらくここで待っているのです」

IV

とくゆかしきもの

早く知りたい、もっと知りたい

【疾く】
すぐに、さっそく。
【ゆかし】
対象に心が引かれるさま。(好奇心のために)知りたい、見たい、聞きたい。

疾く、と書いて「とく」と読む。早く、という意味だ。「ゆかし」はなんとなく知りたい、見たい、聞きたい、好奇心がわく、という意味の形容詞。謙虚な人を「おくゆかしい」とほめたりするが、「本当の姿（奥）を知りたい（ゆかし）」というところから来ているのだろう。清少納言は「誰かが出産した時には身分によらず男の子か女の子か早く知りたい」とつづった。

科学にもいろんな「とくゆかしきもの」はある。好奇心がむくむくとわく話、「えー、うそ！」と言いつつ、早くその先を知りたいと身を乗り出すような話。しかししかし、科学はそんなにたやすく答えが出るものばかりではない。だからこそ面白いのだ。

体内コンパス

飼い猫の数が飼い犬の数を上回ったという。

ペットフード協会の推計によると、2017年10月現在の飼い猫は952万6000匹、犬は892万匹。数年来、犬の飼育が減少しており、一方で猫は堅調。2016年には犬の方が5万匹ほど多かったのが、ついに逆転したとみられる。

猫は散歩に連れていく必要がないとか、鳴き声が犬ほど大きくないとか、理由はいろいろ考えられる。個人的には飼い主が高齢化して世話が負担となり、手のかからない猫にシフトしているのかなと思ったりする。

女友達が、猫を飼い始めた。

50代、大学教授、独身。講義やシンポジウムで忙しく全国を飛び回り、余暇には仲間とジャズセッションを楽しむ。気ままな独り暮らしの彼女がマンションから一軒家に越した。民家をリノベーションして、居間には薪ストーブ、客間にはグランドピアノ。優雅すぎる新居である。その彼女が引っ越しとほぼ同時に猫を飼い始めたから驚いた。

「どうしたの？　猫は散らかしたり壁紙を破ったりソファをひっかいたり、大変でしょ」

意外な答えが返ってきた。

「なんだかね、少し手のかかる存在が欲しくなって」

独りだと、自分が散らかさない限り、部屋は片付いている。自分が何かを動かさない限り、それは1センチたりとも動かない。そんな「整った」生活もいいけれど、そろそろ飽きてきた。「私が面倒みなくちゃいけない」という存在が欲しくなったのだという。

とはいえ、人間の男だと不満が出てくる。犬との暮らしは楽しそうだが、毎日散歩に行ったりかまってやったりするほどの時間的余裕がない。適度な距離感でつきあえる猫がちょうどいいのだという。果たして彼女のSNSは連日、その猫との共同生活をつづる写真や投稿で埋まっている。

もう1人の女友達（やはり中年独り暮らし）は柴犬を2匹飼っている。実は最近、1匹を老衰で看取った。15歳近かったから天寿をまっとうしたといえるのかもしれないが、長く一緒に暮らした相棒の死に直面して涙、涙の日々であった。

そんな時、保護犬のサイトで、彼女は亡き愛犬そっくりのわんちゃんと出会う。引き取り手が現れなければ殺処分される運命と知り、居ても立ってもいられなくなった彼女は、九州からはるばる四国まで車を飛ばして引き取りに行った。あと1日遅かったら「ガス室」行きだったという。犬好きのカガミ。というか、犬のいない人生は、彼女にとっては考えられないのだろう。

「犬派ですか？　猫派ですか？」とよく聞かれる。どちらでもないけれど、もしも飼うなら猫を選ぶだろう。

野良犬なんて今ではほとんど見かけないが、昭和40年代、あのころはやたら目つきの悪いのがけっこうウロウロしていた。5歳か6歳のころ、道で大きい野良犬の群れに出くわし、吠えられて泣き叫んだ記憶があり、大人になった今でも、大型犬に近寄られるとちょっと緊張する。

最近の犬はしつけがいいからそんなことはないと分かっているが、それでも犬を敬遠するのは、飼い始めたら最後、自分は犬を愛しすぎてしまうという確信めいたものがあるのだ。

黒目がちの濡れた瞳でひたと見上げられたら、イチコロである。まして先立たれたりしたら立ち直れないかもしれない。ペットフード協会の調査でも、「犬を飼わない理由」は40代以下と50代以上でがらりと変わる。若い層に多いのは「集合住宅だから」「金銭的な問題」、年を重ねるにつれて「別れがつらい」、そして「最期まで世話をする自信がない」となる。

世界的に有名な秋田犬「忠犬ハチ公」も、飼い主の上野英三郎・東京帝国大学教授が急逝したことを知らず、その後死ぬまで10年もの間、渋谷駅前でご主人を待ち続けた。ちなみに上野博士は農業土木学の中興の祖。日本の田んぼを区画整理して現在の形に作り上げた人物である。ハチ公は死後、はく製となった。東京・上野の国立科学博物館に行けばいつでも会える。

犬には方角を見分ける能力があるらしい。ドイツとチェコの研究チームが、37種類70匹の犬を2年間観察して、結論づけた。犬たちが排泄（大のほう）する時にどっちを向くか観察したところ、高い割合で北か南を向いていたというのだ。

なぜ方角が分かるのか。チームは「犬は、地磁気を感じ取っている」と言う。地球の中心は鉄やニッケルなどの金属が溶けて対流しており、いわば地球全体が巨大な磁石になっている。方位磁石の赤い針が北を指すのは地磁気のおかげだ。

では、犬の体のどこかに、コンパスにあたる器官があるのだろうか。

たとえばハトの頭の中には「耳石」という磁石のような器官がある。伝書バトはこれを使って、遠い場所からでも巣に戻る。ミツバチやサケも、自分の巣だとか生まれた川へ戻ってくるところをみると、地磁気を手がかりにしていると考えた方が自然だ。

このチームは、数年前には放牧中の牛が草を食べる時に北か南を向く傾向があることを、グーグルアースの衛星写真から見いだしている。世の中には、不思議な研究に熱中する科学者がいるものだ。

そういえば、散歩中の犬が用を足すとき、何かを探すようにぐるぐる回ったりしている。「あれ？　北はどっちかな？」と考えているのだろうか。

しかしなぜ北を向きたいのか、そればかりは犬に聞いてみなければ分かるまい。

犬の最大の特徴は、ヒトの1億倍も鋭いと言われる嗅覚だ。警察犬や麻薬探知犬はその能力を利用したものだが、がんを探知する犬がいるという。

がん探知犬の研究に取り組む日本医科大学千葉北総病院の宮下正夫教授によると、がん患者の尿には特有のにおいがある。それを犬に覚えさせ、がんの早期発見につなげようというのだ。

山形県金山町は2017年度から、町民対象のがん検診で、探知犬によるスクリーニングを試験的に導入した。同意が得られた人に限定しているが、これまで927人の尿を調べ、10人は「陽性」と判定されて精密検査へ移行、うち1人からがんが見つかったという。別に行った実験での的中率は99・7%というから、すごいような怖いような。

金山町は、女性の胃がんによる死亡率が全国1位。がん探知犬で汚名返上！ は難しいとしても、血液検査などよりハードルが低いこの検査の受診者が増えれば、早期発見・早期治療に一歩近づくと期待されている。

難点は、現役のがん探知犬が全国に5匹しかいないこと。検診ならぬ「犬診」普及には、探知犬の養成が急務だ。来る日も来る日も尿のにおいを嗅がされる身にもなってよ、という犬の悲鳴が聞こえてきそうだが、将来的にはがんの有無だけでなく種類まで嗅ぎわけられることを目指していて、実現すれば貢献度はさらに高まる。

尿のにおいでがんを見分ける技術に関して、犬より先を行っているのが、「線虫」という生き物を使った診断法である。九州大学の広津崇亮助教らが開発した。

線虫は、ミミズを小さく小さくしたような生き物で、分類上はギョウ虫や回虫の仲間。線虫は普段は土の中で微生物をエサにして生きている。体長約1ミリ、体は透明で、肉眼でようやく見える程度である。

この線虫が持つ恐るべき能力の一つが、犬に匹敵する嗅覚である。好きなものには近づき、嫌いなものからは逃げる習性があり、がん患者の尿を好んで集まってくることを広津氏らは見つけた。がん患者24人と、健康な人218人の尿で試したところ、がん患者の96％、健康な人の95％に対して正しく反応したという。

ちなみに、がん患者24人のうち5人は、実験段階ではがんが見つかっていなかった。つまり通常の検診より早く、がんを検知したことになる。早期発見に威力を発揮しそうだ。

がん探知犬を養成する手間に比べれば、線虫は安くつく。犬には能力差や集中力などの個性があるのに比べて品質管理もしやすい。その意味では実用化に向いている。チームはこの検査法を「N－NOSE」と命名。日立製作所と共同で10年以内の実用化を目指している。

線虫はもともと、生物学の実験動物として使われてきた。学名を「Cエレガンス」という。「C」は「むちがしなるような」というギリシャ語の頭文字。顕微鏡で眺めると、透明な体をムチのようにしならせながら優雅に動いている。

私の運命を左右するのは、犬か、線虫か。

犬がいつごろから人と暮らすようになったかについては、諸説ある。1万年以上前の遺跡から、人と一緒に埋葬された犬の骨が見つかっている。そのころにはすでに人と共に暮らす存在だったのだろう。

飼い主に忠実なのは、先祖がオオカミであることと関係している。

オオカミは「パック」と呼ばれる群れで生活する。リーダーに対してメンバーは完全服従だ。人間と暮らすようになってからもその性質は変わらなかった。しつけられた犬は、飼い主をリーダーだと信じているから忠実なのだ。

かたや猫は単独行動の習性がある。オスとメスが出会っても、決してつがいにはならず、母猫はひとりで子どもを産む。子猫の間はつきっきりで面倒をみるが、成長すれば別れて暮らす。別に情が薄いわけではない。

人間と暮らす「イエネコ」の大移動ルートを、京都大学が遺伝子レベルで突き止めた。イエネコの祖先は、中東に分布する「リビアヤマネコ」とされている。人間がネコを飼い始めたのは1万年ほど前の中東。収穫した穀物を食い荒らすネズミを退治させる目的だったのが、やがてペットとしてかわいがられるようになった。古代エジプトでは神様のお供として敬われた。もちろん、王族が葬られる時には、猫も一緒。大英博物館には、猫のミイラが大事に保管されている。

やがて、人類が移動するのに合わせて、猫も世界に広がり、その種類を増やしていった。移動の様子を知るため、京都大のチームは猫が大昔にウイルスに感染してＤＮＡに刻まれた傷跡に着目した。

ウイルスの中でもレトロウイルスと呼ばれるタイプは、宿主のＤＮＡに侵入し、ＤＮＡが持つ複製機能を乗っ取って、自らのコピーを大量に作る。感染したのが生殖細胞であれば、ＤＮＡに刻まれた侵入の痕跡が、親から子、子から孫へと受け継がれる。それを目印にすることで、ネコのルーツがある程度、推測できるというわけだ。

調べたのは日本、アメリカ、ヨーロッパで飼われている19種、計１４１匹のイエネコ。それぞれのゲノム（全遺伝情報）を解読し、例の傷跡を探した。

すると、アメリカンショートヘア、アメリカンカール、ヨーロピアンショートヘア、スコティッシュフォールドなど、欧米のイエネコの半数には傷跡があったのに対して、アジアで多く飼われている三毛猫や日本ネコの雑種などには、ほとんど見つからなかったという。

少なくともこの二つのグループは交わることなく、それぞれの集団内で交雑を重ねていったと考えられる。

そこで研究チームが考えた中東からの移動経路は二つ。商人たちに連れられて、中東↓欧州↓大西洋↓新大陸アメリカへ、というルートと、僧侶などのキャラバンに連れられて、中東↓シルクロード↓アジア、というルートである。つまり西回りの船乗り組と東回りの陸上移動組である。

そういえば、私が物心ついたころ、うちには猫がいた。ちょうどハナ肇が「あっと驚くタメゴロ〜」とやっていた頃で、その猫も我が家では「タメゴロー」と呼ばれていた。

飼っていたというより居着いていた、といった方がいい。玄関先で家族のごはんの残り物をがつがつと食べ、夕食のあとふらりと出て行ったと思うと、どこかで果たし合いをしたのか、翌朝は傷だらけになって玄関先に座っていたりした。あの時代は猫も自由だったのだ。

昭和の任俠を生きていたようなタメゴローも、実ははるか中東の熱いＤＮＡと、シルクロードに広がる砂漠の記憶を持っていたのだね。ちょっと見直しちゃった。

新聞記事にはいろんな種類があるが、動物を扱った記事の場合、「とでも法」がよく用いられる。

たとえば、人間らしい仕草で人気のゴリラの記事には、高い確率でこんなくだりが出てきたものだ。何を隠そう私も時々書いていた。

……ゴリオ君は団扇を器用に使いながら「暑い中、はるばる来てくれたお客さんに喜んでいただいて光栄です」とでも言いたげな様子。

当のゴリラに「なぜこのような人間らしい仕草を?」と聞いても答えてもらえないから、記者がゴリラになりかわってコメントを考えるのである。こんな具合に、「~とでも言いたげな」という表現はたいへん便利なので覚えておこう。

もっとも最近は、「とでも法」も下火である。若い頃にさんざんやってきた記者がデスクとなり、「おまえな、ゴリラに聞いたんかい? ゴリラが記事読んで文句言ってこないといっても、これはないやろ」などといちゃもんをつけて削るからである。動物と会話ができればこんな小手先のワザなど使わなくて済むのだが。

1901年の正月、報知新聞が「二十世紀の予言」と題する特集を掲載した。20世紀中に実現するであろう科学技術の成果を23項目、詳細に予想したのだ。「七日間世界一周」「電気の世界」「医術の進歩」「自動車の世」といった具合で、そのうち17項目が一部またはすべて現実になったというからすごい。

実現しなかった項目の一つに「人と獣との会話自在」というのがある。興味深いので原文を紹介しよう。

「獣語の研究進歩して、小学校に獣語科あり、人と犬猫猿とは、自由に対話することを得るに至り、従って下女下男の地位は多く犬によりて占められ、犬が人の使いに歩く世となるべし」

お手伝いさんの代わりにお遣い犬、というのは非現実的だが、こうなったらどんなに楽しいだろう。もしも獣語科があったら、志願者が殺到することは間違いない。

動物とコミュニケーションしたい、という夢に挑んでいる科学者はいる。

水族館の人気者、イルカに言語能力があることを見抜き、訓練に取り組んでいるのは東海大学の村山司教授。千葉県の鴨川シーワールドで飼育されているシロイルカ「ナック」（推定32歳）でそれを証明した。

2014年には、「おはよう」「ピヨピヨ」など8種類の言葉を、飼育員のまねをするかたちでナックにしゃべらせることに成功した。

この時は、いわゆる「オウム返し」だったが、2017年には、より複雑な課題を成功させた。

飼育員が使うフィン（足ひれ）やバケツなど特定のものと、それを表す文字、そして、それを見た時の特定の鳴き方をセットで覚えさせた。訓練の結果、フィンを見たら対応する鳴き声を出し、文字を見せてもフィンを選ぶことができた。さらに、フィンを表す文字を見せると対応する鳴き声をあげ、実物を介在せずに、文字と鳴き声を関連づけて記憶していることが確かめられたという。

バリエーションは4種類。我々がリンゴをみて「りんご」と発声したり、「りんご」と書いてある紙を見てリンゴを手に取るのと同じ課題を、ナックは体得したのだ。しかも訓練は、エサなどの「ごほうび」を与えない環境で行われた。これはとても重要なことだと思う。私など、少しつらい仕事を終えるとすぐさま自分で自分にごほうびを与えるのが日常なのだが、ナックは私よりはるかにえらい。

イルカの脳は人間と同じぐらい大きく、とりわけ記憶をつかさどる海馬が発達している。村山教授によれば「チンパンジーなどの霊長類より賢い」そうで、会話が実現すれば画期的だ。

ナックとのつきあいは20年以上。「元気？　と聞いたらまあね、と答えてくれる日を夢見ています」と村山教授。「先生、なぜそこまで動物のホンネを聞きたいの？　何を期待してイルカ？」とでも言いたげな様子。いや言わないか。

絶滅動物と私たち

カワウソ

野生とみられるカワウソが長崎県の対馬で発見された。ツシマヤマネコの観察用に設置された監視カメラに、偶然映り込んでいたのだという。自然界で生きている様子が観察されたのは、日本では38年ぶりだそうだ。このニュースに関係者は「ニホンカワウソが対馬でひっそりと生き延びていたのではないか?」と色めき立った。

「えー、この間動物園でカワウソと握手したけど?」という人もいるだろう。カワウソはカワウソでも、動物園にいるのはアジアに分布しているコツメカワウソ。かわいいよね。いっぽう、ニホンカワウソは２０１２年に絶滅種に指定された。そう、絶滅動物なのだ。

明治時代の初めごろまでは日本のあちこちで見られたという。各地の民話には、カワウソがたびたび登場する。これはニホンカワウソだろう。タヌキやキツネのように人をだましたり、いたずらをしたり。カッパのモデルとの説もある。

かわいい仕草の中に「獺祭」がある。獺はカワウソ。カワウソは獲った魚をすぐに食べたりせず河原に並べる習性があるといい、その様子が、祭事で神様にお供えものを捧げているように見えることから、この名がついた。

獺祭といえば山口県の地酒。製造元の旭酒造ゆかりの地が「獺越《おそごえ》」という住所だったので命名したとか。つまみを並べて御神酒のお相伴にあずかる飲兵衛を連想させてなかなか楽しい。

ニホンカワウソ絶滅の原因は乱獲だ。毛皮が軍服などに使われ、個体数が急減した。環境の悪化も拍車をかけた。川の汚染や護岸工事で、えさ探しはもちろん、営巣も難しくなった。

そんな中で撮影された「野生のカワウソ」騒動である。ニホンカワウソとなれば、絶滅指定は取り消されることになるのだろうが、どうやら環境省は「ニホンカワウソではない」と見ているようだ。

誰かがペットとして飼っていた別の種のカワウソを逃がし、それが野生化したか、あるいは朝鮮半島から泳いで渡ってきたユーラシアカワウソか。結論を早く知りたいけれど、いずれにしても、貴重な野生カワウソである。静かに見守るほかないだろう。

トキ

絶滅の危機に瀕したあと、復活に向けて頑張っているのがトキである。国の特別天然記念物。野生動物の絶滅危険度を示すレッドリストでは「野生絶滅」とされている。

江戸時代までは、田畑の作物を食い荒らす「害鳥」扱いされるほどいたが、環境の悪化で数が減った。日本生まれは２００３年に最後の1羽「キン」が死んでしまった。代わりに、ほぼ同じゲノムを持った中国生まれの個体を新潟県佐渡島で人工繁殖させ、今では２００羽以上に増えている。

環境省は施設生まれの若鳥にエサを採る訓練をほどこした後、足にタグをつけて定期的に自然界に放ち、その行動を愛好者とともに見守っている。２０１４年には、放鳥されたトキが野生で出会い、そのつがいから生まれたひなが成長してひなを産んだことが確認された。正真正銘、野生での繁殖が実現したわけで、いずれは「野生絶滅」の汚名も返上できるのではないかと胸が躍る。

もっとも、個体数が十分でないと、オスとメスが出会う確率が低くなる。感染症や気候変動によるエサの減少などのリスクもあり、個体数が右肩上がりに増えるとは限らない。

「トキがエサを自由に採れる豊かな環境」と言うのはたやすいが、ドジョウが住める田んぼを保つには化学肥料を使わないなどの工夫が必要で、高齢化する農家にとって手間が増えるというジレンマもある。

絶滅には理由があり、食い止めるためには努力が必要である。そんなことを、トキは教えてくれる。

パンダ

野生生物保護においては、日本は中国に感謝しなくてはならない。上野動物園で2017年6月、待望のパンダの赤ちゃんが生まれた。公募で「シャンシャン（香香）」と名付けられた。なにしろ、ものすごい人気である。その年の暮れに一般公開が始まった際、見学者を1日400組に限定したところ希望者が殺到。抽選は最高倍率144倍の狭き門となった。

「見た？」

「見た！」

「どうだった？」

「あのねー、ピンクだった！」

「きゃー！」

公開前日の報道公開に行った記者の報告である。白いはずの部分がピンク色に見えるという。動物園によると、母親のシンシンがていねいになめて毛繕いをしている証拠らしい。

さて、シャンシャンは元気かな。観覧は抽選から先着順になったが、並ぶ手間を惜しんでライブカメラで様子を見るのが日課。街なかの監視カメラには警戒感を覚える私でも、シャンシャンを見られるカメラは大賛成。複数あるカメラをパソコン上で切り替えていくと、いた！

シャンシャンが、ササを食べるお母さんにまとわりついている。遊んでほしそうだ。お母さんのまねをしてササをくわえてみたりしている。かわいい。満腹になったお母さんがごろりと横になり、昼寝を始めた。シャンシャンはお母さんにしがみついてみたり、おなかにもぐりこんでみたりしている。かまってもらえないことが分かると、部屋の隅に行って木登りをしたり、ササを食べる練習をしたり。

人間の赤ちゃんもそうだが、なぜか見飽きない。すべての動作に胸がきゅんとする。そしてなぜか「にゃ〜っ！」と言ってしまう。猫じゃないんですけどね。

昭和生まれにとってパンダといえば、日中国交回復の象徴とされた「ランラン・カンカン」である。もっとも、彼らが来日してパンダフィーバー（死語）が起きた1972年当時、私は九州に住んでいたため、東京に行くなんて夢のまた夢だった。「夢の超特急」新幹線が博多から東京まで開通したのは、この3年後なのだ。

それで思い出した。小学校の修学旅行で広島まで新幹線を利用することになった。先生が校庭に消石灰で車両の輪郭を描き、学年全員でスムーズに乗る練習をしたものだ。

「入り口はここ。はい並んで！　はいドアが開いた！　降りる人が先ぞ！　1分間で全員乗るとぞ〜。私語やらしてぼやぼやしとると置いていかれるぞ〜　しゃきーっとせえ！　しゃきーっと！」

パンダを生で初めて見たのは80年3月、中国の広州市から、シャンシャンとパオリンが「友好親善大使」として福岡市に来た時だ。

2カ月間限定とあって、家族で福岡まででかけた。混乱を避けるために見物客は2列に分けられ、おりに近い前の列は「小学生以下限定」だった。私は当時、とうに小学校を卒業して中2になっていたが、チビだったので小学生のふりをして前列に潜り込み、堪能した。

福岡市動物園によると、この間の入園者数は87万人。今の平均入園者数が1年間で90万人というから、どれだけ多くの人がパンダを見に足を運んだか想像できる。「客寄せパンダ」の看板には偽りなしということだ。

この地球上の誰からも「かわいい」と言われる、あの外見は奇跡としか思えない。クマやライオンやゾウは、本物よりぬいぐるみの方がかわいいと相場が決まっているものだが、パンダに限っては、ぬいぐるみより本物が圧倒的にかわいい。

実は、このかわいさには進化の秘密が隠れていることをご存じか。

ジャイアントパンダの学術上の分類は「食肉目クマ科」である。ホッキョクグマやヒグマたちと共通の祖先から枝分かれした。つまり肉食の血がパンダには流れている。

パンダは肉を食べるのか。毎日新聞の記事データベースで「パンダ×肉食」で調べてみたところヒットした。

1992年、中国の新華社が伝えたところによると、四川省のある村に肉食パンダが現れ、31頭のヤギが襲われたという。このパンダは体重75キロのメスで、主食のササをあまり食べなくなった代わりにヤギを襲うようになった。地元の住民は、「国宝」のパンダだけに害獣として攻撃したり、追い返したりするわけにもいかず弱り果てているとある。

肉食パンダ、見たいようで見たくない。あのかわいい顔で口のまわりを血まみれにして肉を食べているパンダを見たら、世界中のパンダファンはショックで寝込むだろうね。パンダ好きで有名な黒柳徹子さんの胸中も心配だ。ここはひとつ、関係者が力を合わせてイメージを守っていただきたいところだ。

しかし、肉食パンダは、解剖学的、生物学的にも妥当性がある。パンダの消化器は肉食動物と同じだから、草だけを食べ、反芻しながら四つの胃袋で栄養を吸収するウシなどに比べて、食物繊維を分解する力は弱い。

中国の研究チームは、野生と飼育の計15頭のふんを分析し、パンダ特有の繊維質を分解できる7種類の細菌を見つけた。つまり、パンダは腸内細菌と共生し、細菌が出す酵素で繊維質をある程度、消化しているらしい。

それでも完全には消化できないのだろう。パンダのうんちはササの香りがするという。つまり、未消化のまま出てきているということになる。

どう考えても、ササより肉の方が栄養豊富なのに、パンダはなぜササを食べるようになったのか。おそらく生息環境と深い関係があると私はにらんでいる。

野生パンダの生息域は中国南西部、標高1300メートル以上の山の中だ。冬は雪に覆われ、えさを探すには厳しい環境である。失敗が多い狩りをするよりも、年中茂っていて他の動物と競合しないササを食べる。これは生き延びるための「次善の策」だったかもしれない。

ササを常食しているうちに腸内細菌が定着し、堅い竹をよくよくかみ続けた結果、ほおの筋肉やあごが発達して、あのような丸顔になった。ちなみに一般的なクマの手は、ものをつかむようにはできていないが、パンダは5本の指と向き合う形で「6本目の指」とも言える骨の突起がある。これを器用に使って、ササを握ることができる。

ほとんどのクマが冬眠するのに対し、パンダは冬眠をしない生き方を選んだ。たしかにササでは栄養をため込むことはできないだろう。ただその結果、雪景色に溶け込めるよう、白黒まだらの体毛に進化したのではないか。

つまり、あのかわいい顔、かわいい姿は、「ササを食べて生きる」と決心したことから生まれた——というのが私の仮説。

ダーウィンは「強い者が生き残るのではない。環境に適応した者が生き残る」という名言を残している。パンダはまさにそれを体現した「奇跡の動物」と言えるのではないか。

一方で、かわいさと珍しさから密猟が後を絶たず、20世紀初頭には1000頭ほどにまで減った。保護活動によって1800頭程度まで戻したが、絶滅の恐れがあるとして、現在も国境を越えた売買が禁じられている。

2015年には、パンダの肉を売りさばいたならず者が逮捕されたという記事もある。中国雲南省の警察当局が、野生のパンダ1頭を銃で撃ち殺して肉を売買したなどとして計10人の身柄を拘束。パンダの毛皮とその肉約10キロを押収したという。

その際、肉約35キロと手足が4800元(約9万2000円)で取引されたそうだ。「熊の手」は珍味中の珍味というから、そんな欲が働いたか。中国人は飛ぶものなら飛行機以外、四本脚なら机以外は食べるというけれど、パンダを食べるなんざ、罰当たり以外の何者でもない。

中国政府にとって、パンダは何にも勝る財産だろう。友好の印にパンダを贈る「パンダ外交」は効果てきめん。最近はレンタルビジネスも始めている。上野動物園も、年間1億円のレンタル料を払って借り受けている。そのレンタル親から生まれたシャンシャンも、所有権は中国にあり、早ければ2年程度で返還の義務があるという。

ロボットと暮らす未来

ペットロボットのさきがけであるソニーの「ＡＩＢＯ」が２０１８年、デザインを一新し、1月11日の「イヌの日」、午前11時過ぎに発売された。１９９1年発売の初代よりも丸っこく、仕草や表情は犬らしくなった。本体価格19万８０００円。決して安くない価格だが、最初の発売分はすぐに予約で埋まった。

電気さえあれば、エサの心配もトイレも散歩も不要。しかも人工知能（ＡＩ）を搭載、かわいがってくれる人を認識して、手をかけた分だけ甘えてくれるとなれば、ある意味、理想的な相棒になれるかもしれない。

初代ＡＩＢＯは、国立科学博物館が「未来に残したい国産の科学技術」として指定している「未来技術遺産」にも選ばれている。

未来技術遺産は日本で生まれ、国内外で広く使われて人々の暮らしを大きく変えたり、新しい文化や生活様式を生み出した技術・発明から選ばれる。２００8年以来、２４０件が指定された。

身近なものでは元祖携帯電話「ショルダーホン」、ブラウン管テレビ、レンズ付きフィルム

「写ルンです」、蚊取り線香、初の合成接着剤「セメダインC」、電気洗濯機、電卓、ファクシミリ、ヘッドホンステレオ「ウォークマン」、レーザーディスクなど。このほか、初代新幹線「0系」、X線CT（断層撮影）装置、電子顕微鏡、水力発電用の水車など、陰ひなたに生活を支えている技術や装置、機械も名を連ねている。

日本の科学技術は明治維新とともに始まった。「お雇い外国人」がもたらした技術を、日本のエリートたちが必死に学び、独自に発展させた。天然資源はないものの、技術力で日本は世界第二位の経済大国に成長。一部は暮らしに根付き、世界を驚かせ、「クールジャパン」と呼ばれるカルチャーに成長した。

発明から60年を迎えたインスタントラーメンは、その典型例かもしれない。

発明者は、日清食品の創業者である安藤百福氏。安藤氏はラーメンの屋台にできた行列を見て「もっと手軽にラーメンを食べられたら」と考えた。睡眠時間4時間で営々と繰り返す試行錯誤の中から、「ゆでた麺を油で揚げて乾燥させれば保存が可能になる」と思いつく。ついに1958年、「チキンラーメン」を発売した。

71年には、丼がいらない「カップヌードル」も発売、お湯さえあれば食べられる便利な食品として爆発的に売れた。世界でなんと、年間に1000億食も消費されているという。これをイノベーションと言わずに何と言う。

イノベーションとは、それまでの価値観の発展系ではなく、まったく新しい発想に基づいて世界を変えた技術・アイデアに授けられる称号だ。たとえば自動車は、馬や馬車に取って代わった。馬をいくら訓練しても自動車には変身できない。こうしてぼんやり過ごしている今も、地球のどこかでイノベーションが生まれようとしているかもしれない。

政府は、ロボットをイノベーションにつなげようと懸命だ。日本はロボット大国と言われてきたが、主力は産業用ロボットだった。これからはＡＩＢＯやペッパーのように、人間の「相棒」として暮らすサービスロボットの成長がカギになる。

国際宇宙ステーション（ＩＳＳ）に滞在した人型ロボット「ＫＩＲＯＢＯ（キロボ）」は「地上から一番高い場所で対話をしたロボット」「初めて宇宙に行った寄り添いロボット」という二つのギネス世界記録を持つ。

「役に立たなくても寄り添ってくれればいい」というのは、従来型のロボットにはない役割だった。お掃除ロボットも、介護ロボットも、家事や労働の代行が使命である。ＫＩＲＯＢＯはそうした「仕事」はせず、話し相手になったり、その仕草で人をなごませる役割を担う。

ＫＩＲＯＢＯを開発した高橋智隆さんは「ＫＩＲＯＢＯを賢くして、人を負かしたり、何かを教えたりするようにはしない」という。人工的に管理された宇宙空間では、地球以上に安らぎを必要とするのかもしれない。

火星へGO

地上400キロのISSでも、ときに殺伐とした気分になるというのに、人類は7528万キロ離れた火星を見据えている。アメリカのトランプ大統領は、火星に人類を送るために、月面に基地を作る計画に大乗り気である。

2018年2月には、米の宇宙ベンチャー「スペースX」が、世界最大のロケット「ファルコンヘビー」の打ち上げに成功した。26トンの荷物を高度3万6000キロの静止軌道まで運べる能力は、競合他社が開発中のロケットの倍以上。CEOのイーロン・マスク氏の夢はずばり「火星への移民」だ。将来は、100人単位が乗り込める有人宇宙機の開発ももくろんでいるという。

火星は1日が約24時間、公転周期は687日。地上の気温は1年中氷点下、空気のほとんどは二酸化炭素と、人間が住むには厳しすぎる環境だ。

宇宙人イコール火星人、というぐらいで、SFや空想小説の世界で我々は火星に足を向けて寝られない。日本の明治時代に書かれた『宇宙戦争』（H・G・ウェルズ）という小説には、大きな頭とタコのように細い手足をもった、いわゆる「火星人」が登場している。

火星に生物はいるか。「微生物なら可能性はある」というのが、専門家の見方だ。生命の誕生や維持に欠かせない水の存在が確かめられており、それが前述の見方を支えている。

１９６8年公開のＳＦ映画「２００1年宇宙の旅」は、火星を通り越して木星への宇宙旅行が実現した未来が舞台だ。中でも宇宙ホテル。ルーレット盤のようにぐるぐる回って重力を作り出す巨大リングの中に客室が並ぶ様子は、私の心にときめきをもたらした。

あれから50年。宇宙ホテルは現実味を増している。米企業が開発した試験用モジュール「ＢＥＡＭ」は、テントのように折りたためることが特徴だ。ロケットなどで運び、ＩＳＳのような施設に取り付けた後、空気を入れて風船のように膨らませる。清水建設も宇宙ホテル建設を構想している。

ＩＳＳを建設できた人類なのだから、カネを際限なく積めば実現は可能だろう。しかし「誰でも行けるか」となると別だ。今、宇宙へ行けるのは、厳しい訓練を積んだ宇宙飛行士か、何十億円というカネを出して特別扱いしてもらえる超大富豪しかいない。しかも事故のリスクを背負っての出発が前提となる。

しかしながら、22世紀には宇宙旅行も実現していると私は信じている。だって、たった１００年前には飛行機で外国に行くことさえ夢の世界だったのだ。

「宇宙旅行」の実現を目指して8人乗りの宇宙船を作ろうとしている小さな会社が愛知県にある。

「ＰＤエアロスペース」。緒川修治社長が２００７年、34歳の時、自宅横の倉庫を本社工場に改造して研究を始めた。

この会社には、世界に誇れるものが二つある。

一つは「技術」。緒川さんは、空気があるところではジェットエンジン、空気の薄い上空ではロケットエンジンの二役を担う、独創的な「パルスデトネーション（ＰＤ）エンジン」を発明した。12年には特許を取得。ジェットからロケットへのモード切り替え実験にも成功した。

他社の宇宙船は、乗客を乗せた子機を母機がある程度上空まで運び、そこから子機のロケットエンジンに点火して宇宙へ向かう手法を採る。たとえるなら「親がめの上に子がめ」方式だ。緒川さんのように一つのエンジンで済めば2機態勢は不要。つまり圧倒的に安くつく。

もう一つは「情熱」だ。宇宙船のようにお金がかかる乗り物は国主導で行うのが普通だが、緒川さんは、会社勤めで貯めた１０００万円を元手に、たったひとりで開発を始めた。

小さいころの夢はパイロットだったという。何度か挑戦したものの断念し、航空機開発に取り組む大企業に就職して技術と知識を身につけた。

空の延長として宇宙にもあこがれた。宇宙飛行士の公募試験を2度受けて失敗。この「あきらめの悪さ」が緒川さんの真骨頂かもしれない。

父親の影響も大きいだろう。父親はいわゆる「街の発明家」で、創業した自宅横の倉庫は、もともと父親がジェットエンジンの開発に取り組んでいた場所である。

偉大な発明がしばしばガレージから生まれることは、アップルやアマゾン、グーグルの成功物語で語られている（一部は誇張もある）。インスタントラーメンの父、安藤百福さんだって、自宅の裏庭に建てた小さな小屋でチキンラーメンを発明したのだ。

今だから言うけれど、ＰＤエアロスペースの創業間もないころに取材でお邪魔した時には、普通の民家の横にある「イナバの物置」的なプレハブが本社工場と知って、正直なところ「全国紙の記事で紹介して大丈夫なのか？」というためらいもなくはなかったのだ。

しかし、緒川さんの純粋な思いは実を結びつつある。9年あまりの奮闘が広く知られるところとなり、ＡＮＡとＨ．Ｉ．Ｓ．が出資を申し出た。まずは計５０００万円を支援。さらにＡＮＡは操縦技術、Ｈ．Ｉ．Ｓ．は旅行販売のノウハウを提供する約束をした。広い作業場を提供してくれる企業も見つかった。技術的な改良や資金調達など、乗り越えるべき課題は山積しているが、リアル「下町ロケット」は第2幕に移っている。

緒川さんが描く宇宙旅行の全体像はこうだ。旅行者は8人乗りの有翼宇宙船「ペガサス」に乗り組み、空港ならぬ「宇宙港」から離陸。高度15キロまではジェットエンジンで上昇。そこから上はロケットエンジンに切り替えて、高度１００キロの宇宙まで一気に上昇する。そこはすでに無重力の世界。乗客は、まん丸い地球を眺めながら無重力を5分間体験する。

その後、ペガサスは降下を始め、エンジンを再び切り替えて、離陸した場所へと飛行機のように戻ってくる。全行程90分間の「宇宙旅行」を、２０２３年に実現するのが目標だという。代金は１４００万円。最初こそ高いが、将来的には40万円まで下げたいと考えている。

地球人として生まれた以上、一度は住んでいる場所を外から見てみたい、と思うのは、自然な願望かもしれない。まん丸な地球を眺められる日が早くきてほしいと思う。

一方で、人類が気軽に宇宙に出かけられるようになると、新たな心配の種が出てきそうだ。それは「宇宙ごみ」。

地球のまわりを回る不要な人工物を宇宙ごみと呼ぶ。たとえば、役割を終えたロケットや衛星は宇宙粗大ごみ。劣化して外れた部品や破片も宇宙ごみとなる。地球のまわりをぐるぐるまわる宇宙ごみは、10センチ以上の大きさのものが2万個、それ以下のものは１００万個とも推計されている。

人間が宇宙に物体を打ち上げたのは１９５７年、旧ソ連の衛星「スプートニク」が最初である。あれから約60年間に、各国が７０００個近い衛星を打ち上げた。それどころか、２００７年には中国が、自国の不要な衛星にミサイルを命中させるトンデモ実験を行い、粉々になった衛星の破片が新たに３０００個もの宇宙ごみとなった。２００９年にはアメリカとロシアの衛星同士が衝突し、宇宙ごみはさらに増えた。

数が増えればそれだけ衝突のリスクも高まる。ごみは秒速7〜8キロという猛スピードで移動しており、小さくても破壊力はすさまじい。実際、国際宇宙ステーションに宇宙ごみが近づき、滞在中の飛行士が避難したこともあるのだ。

地球のまわりを回っていた日本の天文衛星「ひとみ」が突然、地上と通信できなくなったのも、宇宙ごみの衝突が原因ではないかと言われている。

宇宙ごみを減らそうという取り組みも始まった。用済みになった後のことまで考えて衛星を設計すること。さらに、宇宙ごみを回収する「お掃除衛星」のアイデアもある。早いところなんとかしないと、しっぺ返しを食うことになる。

首都直下地震

ある日の朝、私はスターバックスにいた。本を読みたい時、スタバは結構便利だ。独りで来ている人が多くて静かだし、禁煙だし、ＢＧＭや照明の明るさもほどほど。翌日までに読み終えたい本があり、読書に集中していた。

突然、店中の客のかばんが一斉に音を立てだした。びっくりして顔を上げると、同じようにみんながキョロキョロと見回している。「地震です、地震です、揺れに注意してください」緊急地震速報が、携帯端末から発信されたのだ。

思わず身構えたが揺れない。慌ててSNSをチェックする。やがて、茨城県と富山県で同時刻に小さな地震が起き、速報システムがそれを大地震と「誤解」したことが分かって安心したが、私以外の客は、実際に揺れないことが分かると、何事もなかったかのようにそれぞれの作業に戻っていた。私にとっては、その風景の方が不気味だった。

最大61万棟の家・建物が全壊し、2万3000人が亡くなる――。これは、内閣府が2013年末に公表した「首都直下地震」の被害予測だ。一都六県からなる「首都圏」に山梨、静岡を含めた一都八県を対象に、最新の知見とデータを盛り込んで推定した。2万3000人は東日本大震災の死者・行方不明者を上回る。それだけでも一大事だが、首都・東京が大地震に襲われることの影響は計り知れない。

風のやや強い冬の夕方、東京都南部でマグニチュード7・3の地震が起きた、という想定で被害を算出した。住宅地では、震度6弱～6強（地盤が弱い下町は震度7）の強い揺れで木造住宅が倒壊する。夕食の支度をしている家では、コンロやストーブから出火。季節風で火は燃え広がる。

119番通報しても渋滞や道路の寸断で消防車が駆け付けられないなど、消火は進まない。

「全壊」と予測した61万棟の7割近くは火災による被害だ。倒壊した建物内で圧死したり、閉じ込められたまま火災が起きたりして亡くなる人は、最大2万3000人と推計した。

発生の瞬間、エレベーターに乗り合わせていて閉じ込められる人は1万7000人。電車や新幹線もストップし、帰宅ラッシュの駅は混乱する。

携帯電話を使った通報や安否確認の通話が急増し、通信網はまひする。遠距離通勤のサラリーマンたちは帰れなくなり、こうした帰宅困難者は東京、茨城、埼玉、千葉、神奈川で最大計800万人。エリア内の半数に当たる1220万戸が停電するなどライフラインが止まり、避難者は発生2週間後には720万人に達する。

そもそも予想される避難者数に比べて、自治体などの備蓄は圧倒的に足りない。発生から1週間後で不足する食糧は3400万食、水は1700万リットル。寒さをしのぐ毛布は37万枚が不足する。

老朽化が心配される首都高速は倒壊、一般道も壊れて物流が滞り、食糧・物資不足がパニックを招く。もとより東京に本社がある大企業の多くが業務を継続できなくなり、司令塔を失った日本の経済活動は停滞する。国際金融市場では日本株が瞬時に売られ、日経平均はガタ落ち。ただでさえ借金経営の日本は立ち直れないほどのダメージを受ける。

東京は、世界最大の都市である。なんと日本人の3割近くが、東京都と周辺（神奈川、千葉、埼玉県）に住んでいるのだ。政治・行政・金融の中枢が集中し、新幹線などの交通網も東京から放射状に広がっている。

こうした一極集中は、考えてみるとかなり危ない。スイスの再保険会社「スイス・リー」が２０１３年に公表した自然災害危険度の高い都市ランキングで、東京・横浜は1位だった。ちなみに4位に大阪・神戸、6位に名古屋が入った。

人間というのは本当に楽天的な動物だと思う。これだけ地震の多い国に住んでいながら、どれだけ備えているだろうか。誰かが何とかしてくれると思ったら大間違いだ。「いつ起きるか分からないからこそ備えよう」ではなく、「いつか必ず起きる」と思わなくてはならない。

関東大震災（１９２３年）で起きた大火事と、阪神・淡路大震災（１９９５年）で起きた家屋倒壊と、東日本大震災（２０１１年）で起きた津波の三つを合わせたような巨大地震が「必ず来る」と警鐘を鳴らしているのは福和伸夫・名古屋大学教授。最新刊『次の震災について本当のことを話してみよう。』（時事通信社）を読むと、この国に生きている以上、現実として受け止めざるを得ないことを痛感する。

取り上げているのは、首都直下地震よりも巨大で、より確実にやってくる「南海トラフ地震」。駿河湾から宮崎沖まで延びる南海トラフは、過去、１００～１５０年間隔で巨大地震を起こしてきた。一部分が動く場合もあれば、全部が動く場合もあった。動く面積が大きいほど、被害も大きくなる。

1707年の宝永地震はマグニチュード8・6と推定。トラフ全体が動き、死者・行方不明者は2万人。その49日後に富士山が噴火し、江戸の街は火山灰で覆われた。同じクラスの地震が現代の日本で起きたと想定して、内閣府が2012年に公表した被害や、その後の科学者たちによる被害予想は次のようになる。

死者　32万3000人（関東以西の30都府県）
建物全壊・焼失　240万棟
震度7の揺れ　10県153市町村
最高津波高　24・5メートル（三重県尾鷲市）
被害総額　100〜150兆円

福和教授は、震災に伴う避難生活が招く関連死を含めると、死者は100万人をくだらないと予想。さらに、震度6弱以上の揺れに襲われるか、高さ3メートル以上の津波が押し寄せる沿岸自治体の人口が5900万人にのぼることから、「日本人の2人に1人が被災者になる」可能性を指摘する。ちなみに、東日本大震災による被災者は750万人。その8倍のボリュームということだ。

日本は太平洋岸に大都市を置き、交通網を張り巡らし、工場を建ててきた。もちろん、そちらの方が海外との行き来も便利だからだが、これらのインフラが壊滅的な被害を受けたら、日本はどうなるのだろう。

私の今のすまいは、耐震化が義務づけられた1981年以降に建てられた鉄筋コンクリートの低層マンションだ。いざというときに自分の足で上り下りできる高さに住むと決めている。停電が長期化するリスクを考えて、オール電化マンションも避ける。電子キーなどの近代的な設備も有事には弱いのでは、と信用していない。

部屋に置いている家具は、ソファ、ローテーブル、ダイニングセットぐらい。クローゼットや食器棚、本棚など大きな家具は持たず、洋服や荷物は作り付けの収納や押し入れにしまう。そこに入る分しか荷物を持たないことにした。

寝室の家具はベッドだけ。阪神・淡路大震災の時には早朝だったせいもあり、倒れてきたたんすの下敷きになって大けがをしたり、逃げ遅れて火災に巻き込まれたりした人たちが少なくなかった。とりわけ独り者は、自分で我が身を守る以外にないのだ。

とはいえ、独り暮らしで家族の安否を心配する必要もない私は気楽な方かもしれない。賃貸だから不動産の価値を心配しなくていいし、食糧や水の買い置きも最小限でいい。介護の必要なお年寄りや赤ちゃんがいたりする家庭は、「備えろ」と言われても何をどこまで備えればいいのか不安になるだろう。

清水の舞台から飛び降りるような高額ローンを組み、東京湾岸のタワーマンションの高層階を手に入れる人たちがいる。都心の夜景を独り占め、うらやましい気持ちもあるが、埋め立て地には液状化のリスク、高層建築には振幅2～3メートルに及ぶ長周期地震動、そして停電によるエレベーターの停止や閉じ込め事故のリスクがつきものだ。

自家発電があるから大丈夫、免震構造だから大丈夫、液状化対策も大丈夫。セールスマンにそう言われても、疑り深い私は簡単には納得しない。すべての「まさか」が本当になった、あの震災の記憶を、私はまだ忘れてはいない。

震度とマグニチュードの違いをおさらいしておこう。

震度は「人が感じる揺れの程度」。各地で起きた地震の様子を政府に正しく報告するため、明治時代に考案された。全部で10段階で、最も弱い震度0（地震計には記録されるが揺れを感じない）から7（立っていられない）まであり、5と6にはそれぞれ「弱」と「強」がある。

人が感じる揺れの程度だから、同じ地震でも、場所によって震度は変わる。これに対して、地震そのものが持つパワーが「マグニチュード（M）」だ。こちらはアメリカ生まれ。規模が判明している中で最大の地震は１９６０年のチリ地震でM９・５。東日本大震災の原因となった２０１１年3月11日の地震はM９・０だった。

マグニチュードと震度の関係は、照明器具にたとえられる。１００ワットの電球は、真下では明るいが、部屋の隅ではそれほどでもなく、壁や仕切りの向こうでは電球がついていることも分からない。電球そのものの明るさが「マグニチュード」、場所によって変わる明るさが「震度」と覚えておくと混乱しない。

TSUNAMI

東日本大震災では、東北の沿岸部を津波が襲った。死者・行方不明者約2万人のうち半数以上が「溺死」。つまり、津波に流されて亡くなっている。

震災から5年後、仙台市沿岸部を訪ねた。見渡すかぎり何もない土ばかりの風景に、校舎だけがぽつんと建っていた。仙台市立荒浜小学校。一帯は地震の後、高さ5メートルを超す津波に襲われ、ここに在校生や近隣住民320人が逃げ込んだ。

荒浜地区は江戸時代、塩分の多い土地が開墾され、仙台市の人口増加と共に住宅地に姿を変えた。

地震の前、このあたりには約800軒の家が建ち並び、夏は1万人を超える人が海水浴に訪れたという。海沿いに植えられた松林がこの地区のシンボル。荒浜小学校の校歌にも「松はみどりの荒浜に」と歌われている。

3月11日午後2時46分、地震発生。約90人の児童はたまたま卒業式の予行練習で学校に残っていた。鉄筋コンクリート製の頑丈な校舎は強い揺れに耐えたものの、津波をもろに受けた。真っ黒い海水が2階の中ほどの高さまで押し寄せ、流されてきた松の木が窓を突き破った。1階の教室は、波に運ばれた自動車とがれきと土砂で埋まった。

近所の人たちと児童は津波を避けて4階に避難。窓から見た荒浜地区は一面、海のようだったという。児童は屋上からヘリコプターで1人ずつ救助され、大人たちは寒く暗い校舎で夜を明かした。避難が間に合わず、津波にのみ込まれて亡くなった人も200人近くいたという。

震災後、荒浜地区は「災害危険区域」に指定された。がれきは片付けられたが、ここに住宅は建てられない。荒浜小も16年3月末で閉校となり、現在は震災遺構として保存・公開されている。

津波は、地震などで海底の地形が急に変わることで発生する。障害物がない限りどんどん進む。

水深が深いほど速く進む性質があり、最高で時速８００キロとジェット機並み。陸地に近づくにつれて海が浅くなるため速度は落ちるが、人間の足で逃げおおせるものではない。さらに、減速した波に、後ろから追いついた速い津波が重なって高さが増し、すべてを飲み込む。

１９６０年5月22日、地球の裏側にあるチリ沖で起きた地震の津波は、ハワイで約60人の命を奪い、発生から22時間半後、日本に到達した。三陸地方での死者・行方不明者は１４２人に上ったという。

活断層列島

２０１６年春には、熊本県と大分県で最大震度7の地震が起きた。九州生まれの私自身、台風は来ても地震は起きないだろうと思っていたが、希望的観測だった。

熊本地震の原因は活断層。阪神・淡路大震災と同じタイプの地震である。三陸沖で起きたような海溝型の地震に比べて、その分布や地震の規模、発生予測などに謎が多い。

地球の活動によって、地下の岩盤には無数のひび割れ（断層）がある。外から強い力を受けるなどして、そのひび割れが壊れる現象が地震だ。中でも過去に地震を起こしたことが分かっている断層は「活断層」と呼ばれる。列島の地下には、こうした活断層が2000以上あると言われる。

海溝型地震が数十年～100年間隔で繰り返すのに対して、活断層型は周期が1000年～数千年と長い。過去の地震を記憶している人はもちろんいないし、文字による記録もほとんどないため、地面を掘って痕跡を探す以外に有効な手段はない。すでに建物が建つなど開発が進んでいた場合は、その調査にも限界がある。

政府は、調査できた範囲で危険度が高い97の活断層については、起きうる地震の規模や発生確率を計算し、公表している。熊本地震はそのうちの「布田川・日奈久断層帯」で起きた。存在は分かっているのに、発生を予見できなかった上、危機感を持って備えることも十分できなかった。人間がいかに油断する動物かが分かるだろう。

火山大国ニッポン

警戒すべきは地震だけではない。日本は火山大国でもある。

2013年5月、火山学者が「日本の火山は活発になっている恐れがある」と発表した。その2年前に起きた東日本大震災で、地下のプレートの構造が変わり、火山の活動に影響を与えているというのだ。

火山は地震に比べれば監視しやすいとはいえ、噴火そのものを止めることは不可能だ。噴き出したマグマが火災を起こしたり、火山灰を降らせて交通網や生活に影響を与えたり、時には火砕流となってふもとに駆け下り、被害を広げる危険もある。

２０１８年1月には、草津白根山の本白根山が噴火し、近くで雪上訓練中の自衛官が噴石の犠牲になった。気象庁が監視していたのは同じ火山の別の場所。噴火警戒レベルも、5段階のうち最も低い１（活火山であることに留意）で、完全に「寝耳に水」の噴火となった。

「過去1万年の間に噴火したか、現在活発に煙やガスを出している火山」、活火山は日本国内だけで１１０あり、世界の活火山の7％が日本に集中している。

地球の表面は、十数枚のプレートで覆われ、プレート同士がおしくらまんじゅうをしている。プレートの境界では摩擦で岩が溶け、マグマになる。それが地面のすき間から噴き出し、冷えて固まったのが火山だ。

だから、プレート境界上には火山帯が集中する。日本列島の下では4枚のプレートがひしめき合っているため、火山も地震も多いのだ。

そこで知りたいのは、こうした地震や火山の被害を防げるのかということだが、残念ながら、正確な噴火予測や地震予知は、現時点では不可能だ。

地震予知は２０１７年、大きな転換点を迎えた。１９７８年にできた「大規模地震対策特別措置法」の見直しが決まったのだ。この法律は、愛知県から静岡県にかけての海底を震源とする「想定東海地震」の直前予知を前提としたものだったが、時間とともに問題が表面化した。

まず、２０１１年の地震に地震学者たちが無力だったことで、「予知神話」が崩壊。さらに、「南海トラフ地震」の切迫度が増すにつれて、東海地震だけに着目すること自体がナンセンスになってきた。

法律の見直しはこれからだが、大きな流れは「予知より防災」、「防災より減災」になっていくだろう。

まずは身の回りでできる備えから始めたい。家具を固定する。非常用持ち出し袋を準備し、食糧や水を１週間分買い置きする。ご近所との人間関係も役に立つ。

ナノカーレース

「大きいことはいいことだ」というＣＭが昔あった。指揮者の山本直純氏が出ていた、チョコレートの宣伝だ。チョコレートなら「おいしいことはいいことだ」であるべきなのだろうが、高度経済成長のさなかという世相を考えれば、「ま、細かいことはさておいて、景気のいいＣＭつくっちゃってよ長谷川ちゃん」（担当プロデューサーが長谷川という人だったかどうかは知らないが）とでもいう感じで作られたのだろう。

その後、バブルが崩壊し、海外では冷戦が終わったのに国際関係がガタピシして、「大きいことは必ずしも良くない」という空気が広がっている。

大国と呼ばれる中国は、身勝手な覇権を南沙諸島でアピールするし、世界で一番広いロシアは、とても小さなウクライナに侵攻するし、名実共に大国であったアメリカは、トランプとかいうおっさんの「アメリカファースト」政策で超内向きな政策に転換してしまった。

そんな中、世界でもっとも小さいカーレースが２０１７年春、フランスで開かれた。その名も「ナノカーレース」。日本やアメリカ、ドイツなどから6チームが参加した。

「ナノ」は、21世紀の科学技術においては重要なキーワードである。ラテン語の「こびと」から生まれた言葉で、「10億分の1」を意味する。1ナノメートルは10億分の1メートル＝100万分の1ミリ。たとえば髪の毛の直径は0・1ミリぐらいだから、その10万分の1が「ナノ」の世界と考えていただきたい。

さて、レースに参加する日本チームの「車」は、物質・材料研究機構によるもので、長さ2ナノメートル、幅1ナノメートル。炭素、水素、酸素の原子計88個を組み合わせて作ったそうだ。普通の車のようなハンドルやエンジンは小さすぎてさすがに作れないので、車体に弱い電気を当て、その力で動かす。コースは、金の板の表面にある長さ100ナノメートル（1万分の1ミリ）の溝だ。ピットインしている様子も、走っているようすも、小さすぎて見えないので、ドライバーは電子顕微鏡越しに操作する。

そもそもなぜこんなレースを考え出したのかというと、ナノという極微の世界をコントロールする技術・ナノテクノロジーが、人間の将来を大きく変えるかもしれないと期待されているからだ。

ドラッグ・デリバリーは、薬の成分を乗り物に乗せて患部に直接届ける技術として注目されている。20世紀には空想の世界のできごとだったが、実現が視野に入ってきた。原子1個の幅ぐらいの細い細い線を描く技術が確立されれば、超精密な電子部品を作ることができ、何万冊もの本の情報を指先大のメモリーに記録することも可能になる。

しかし、壮大な夢を「実現しなさい！　今すぐ！」とか言われても急には事が進まない。そういう場合に用いられるのが、「グランドチャレンジ」という手法だ。民間の資金と技術だけで月に探査車を送り込んだ「一番乗り」に巨額の賞金を贈る「ルナXプライズ」がそのお手本。日本では、全国の高専を巻き込んで開かれている「ロボコン」や、人工知能を搭載したロボットによるサッカーチームで２０５０年までにＦＩＦＡワールドカップ・チャンピオンチームに勝利することを目指す「ロボカップ」がいい例だ。

遊びの要素を取り入れつつ、一定のルールや制約の下で競い合うことによって技術が磨かれ、新たなアイデアが試される。勝ち負けもさることながら、これを繰り返すことそのものが、技術や経験知の積み上げにつながる。

ナノテクのグランドチャレンジといえるこのナノカーレースの結果だが、優勝者は規定通りに完走したスイスチームと、規定違反はあったものの最初にゴールした米・オーストリアの合同チーム。日本はスタートから15分、1ナノメートル動いたところで車がスタックし、操作するコンピューターの不具合も手伝って棄権となってしまった。しかし、懸命の取り組みが評価され、「フェアプレー賞」を受賞した。

初めて月を踏んだアームストロング船長ではないけれど、「進んだ1ナノメートルは小さな一歩だが、日本にとっては大きな一歩」。健闘をたたえたい。

都市鉱山

「もったいない」という言葉がある。ものの命を全うできないことを、昔の人はいやがり、いろんなものを大切に使った。昔は紙も高級品で、役所の書類などは袋とじの帳面をほどいて裏返しに折って使ったり、両面とも使ってしまうと、ふすまの下張りに使ったり、便所の落とし紙に、なんてこともあったようだ。天然資源に恵まれない日本は、限られた資源を有効活用するという意味においては課題先進国である。

２０２０年東京オリンピック・パラリンピックで、選手に贈るメダルを、携帯電話などから取り出した金属を再利用して作ることが決まった。製作するメダルは、金銀銅合わせて５０００個。すべてのメダルを作るのに、少なくとも金10キロ、銀１２３０キロ、銅７３６キロ、計約2トンが必要だという。

ちなみに金メダルは銀で作ったメダルの表面に金を貼って作られる。その分、銀が多く必要になる。

一般世帯やオフィスに死蔵している金属類を総称して「都市鉱山」と呼ぶ。普通の鉱山の場合、そこから原石を掘り出し、不純物を取り除いて金属に加工するが、電子機器の部品に使われている金属を再利用すれば、掘削や精錬の手間が省け、資源の浪費も抑えられる。

たとえば、携帯電話の部品には銅、金、銀、ニッケル、ストロンチウムなどの金属が使われている。日本はこうした金属を海外から輸入しており、時には資源大国の中国がレアメタルの輸出を制限したりと、両国関係にも左右されてきた。都市鉱山を活用することは、費用の面からも、エコの面からも、そして安全保障の面からも理にかなっていると思う。

「みんなのメダルプロジェクト」は全国２４００カ所のＮＴＴドコモの店や市役所などに、使わなくなった携帯電話などを持っていくと、専門の業者が分解して金属を取り出す。オリンピック史上初の挑戦だという。

家の引き出しに眠っている携帯電話がトップアスリートの胸で輝くメダルになるなんて、かなりわくわく。早く実物を見たいものだ。

水素社会と燃料電池車

石油に続く次世代燃料として水素が注目されている。我が家の近所にも「水素スタンド」が完成した。誰が使うのかしらと、通るたびに気をつけて見ているが、給油ならぬ「給水素」中のお客さんを見たことがない。

究極のエコカーとも言われる燃料電池車（ＦＣＶ）は、ガソリンの代わりに水素で走る。原理を理解する場合には、中学校の理科実験で習った水の電気分解を思い出すとよい。水に電圧をかけると、やがて電極から泡が発生する。これは水の分子が電気によって、水素と酸素に分解されたことを示す。

ＦＣＶでは、この逆の反応が起きている。水素が、空気中に含まれる酸素と結びついて水になる。その際に電気が生まれる。その電気で走るのがＦＣＶ。排気ガスの代わりに水を排出する。

水素の利点は、化石燃料と違ってこの地球上にほぼ無限にあること。さらに、ガソリン車のように二酸化炭素を出さないので、温暖化対策としても優等生。トヨタは発売したＦＣＶの名前を「ＭＩＲＡＩ」と名付けた。

課題もある。燃料となる水素は、自然界に単体では存在しない。作り出すにはそれこそ大量の電気が必要なので、今のところ省エネとは言えない。水素スタンドの少なさも問題だ。車があっても補給できなければ、近距離用にしか使えない。もっとも、利用者が増えれば水素スタンドが増え、車の値段も安くなっていく。燃料電池の技術では世界の先頭を走っている日本。このまま研究を続けて世界一の環境大国を目指してほしい。

サルはきょうだい

少し前、大分市の高崎山自然動物園で生まれたニホンザルの赤ちゃんに「シャーロット」という名前がついて話題になった。同じころ生まれたイギリスの王女の名前をもらったのだが、決まるやいなや「王女の名前をつけるなんて失礼だ」と怒る電話が500件以上あったそうだ。電話代使って、見ず知らずの人に、筋の通らない文句を言う。ヒマだなあ。いや失礼、私に言わせれば「ニホンザルに失礼だろ」ですよ。だってニホンザルやチンパンジーは想像以上に人間に近いのだ。

人間もニホンザルもチンパンジーも、霊長類（正確には「霊長目狭鼻猿類」というグループ）に属する。人間はその中で「ヒト」、ニホンザルは「オナガザル」、チンパンジーは「類人猿」に分類される。ざっくり言えばきょうだいだ。

生命の設計図であるゲノム（全遺伝子情報）を調べると、ヒトとチンパンジーの違いは1・2%しかない。けっこう新鮮な驚きである。チンパンジーは服を着ないし、言葉もしゃべらないが、道具を使ったり、声でコミュニケーションしたり、家族で暮らしたり、群れの中で強い者が弱い者を世話したりする「社会」を作ったりする点において、ヒトと同じなのだ。

実は、こうした生態研究は1950年代、日本の科学者たちが野生のニホンザルを観察して行動を詳しく記録することから始まった。生態学者の今西錦司らは、長期間の観察を可能にするため、サルを餌付けする方法を考案した。個々のサルの役割や行動を正しく記録するため、名前をつける方法も編み出した。高崎山のサルに名前がついているのは、そのなごりだという。

その結果得られたのは、ヒト以外の霊長類にも知性や社会性があるという発見。長い間「人間はえらく、サルは劣っている」と思い込んでいた人たちを驚かせた。サルを研究することはサルを知るだけでなく、人間がなぜ人間に進化できたかを知る手がかりにもなる。

ハダカデバネズミ

人とは似ても似つかないが、ハダカデバネズミがとても気になっている。まずは写真を見ていただきたい。パンダやカワウソやニホンザルのシャーロットちゃんのように「かわいー!」とは決して思わないだろう。

アフリカに生息するネズミだが、体毛がなく(ハダカ)、異様に長い4本の前歯が口から飛び出して(デバ=出っ歯)いる。地下の穴に群れで住み、1匹の女王(メス)とその取り巻き(オス）だけが繁殖にかかわる。その他大勢は、穴を掘ったりえさを探したり、時には布団代わりになって女王を温めたりする役割を与えられ、文句も言わず忠実に働く。いや不満に思っているかもしれないが、人間には知る由もない。つまり、アリやハチと同様、社会性動物なのだ。

さらに興味深いのは、他のネズミの仲間が3～4年で死ぬのに対して、ハダカデバネズミは30年近く生きる。そして、めったにがんにかからないという。

ハダカデバネズミ（研究チーム提供）

がんは、われわれ人間にとっては、最も克服したい病の一つだ。ハダカデバネズミががんにならない理由が分かれば、がんの治療や予防につながるかもしれないではないか。

さらに、ハダカデバネズミが酸素の少ない環境にも強いことを、米国の研究チームが見つけた。

空気中の酸素濃度は約21％。酸素が少ない環境では、呼吸はできても血中酸素が不足するため、多くの動物はやがて死に至る。ところがハダカデバネズミは、酸素濃度が通常の4分の1しかない5％の環境で5時間、酸素がまったくない環境でも18分間も生きたという。

驚くべき生命力。どうやら、体内で特殊なエネルギーを生み出し、酸欠が致命傷となる心臓や脳などの臓器を守っているようなのだ。

どうしてこんな能力を身につけたのかは謎だけれども、仕組みが解明できれば、事故や病気で一時的に呼吸が止まった人を助けられるかもしれない。いやはや、生き物の世界は奥が深い。これからはハダカデバネズミに「チュー目」ですぞ。

V

近うて遠きもの、遠くて近きもの

生きること、死ぬこと

【近うて遠き物】
宮の辺《ほと》りの祭《まつり》。思はぬ兄弟《はらから》・親族の仲
など。
【遠くて近き物】
極楽。舟の道。男・女の仲。

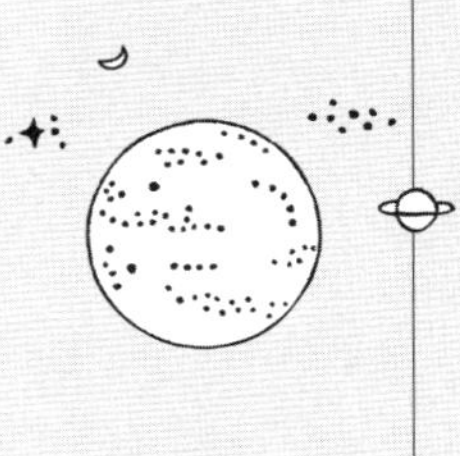

遠くて近き物、
極楽。舟の道（船旅）。人（男女）の仲。（「枕草子」より）

清少納言は「遠いようで近いもの」として「極楽」を挙げた。地獄と言わないところに彼女の育ちの良さがあらわれているように思うけれど、現代風に考えれば、「まだまだ死なないと思っているかもしれないけれど、死はすぐそこですよ」とも読める。

彼女が生きた平安時代、およそ１０００年前の日本人の平均寿命はどれぐらいだったのだろう。戸籍制度も、医療保険制度も、統計という考え方もなかった時代のこと、もちろんデータもないだろうが、「人生50年」と言われていたのがつい最近のことだから、それより短いことは間違いない。

新生児の死亡率が高いことに加えて、感染症による死亡も多かっただろう。もちろん抗生物質など存在せず、病に倒れたら祈るか、お祓いぐらいしか手段はなかった。

いくさも寿命を縮めただろう。地震や火山噴火、水害などの天災もリスクだ。飢饉になれば食糧難となり、栄養失調や餓死が増える。昔の人たちにとって死はおそらく、現代よりはるかに「遠くて近いもの」だったのだ。

日本は世界トップクラスの長寿国である。世界保健機関（ＷＨＯ）がまとめた「世界保健統計２０１６」によると、２０１５年時点で日本人の平均寿命は83・7歳。2位のスイス（83・4歳）、3位のシンガポール（83・1歳）と僅差ではあるが、1位は1位。あっぱれ。ＧＤＰでは3位になったけれど、そこそこ豊かで社会保障も整い、みんな長生き、いいじゃないですか。

ところが健康寿命となるとそうはいかない。厚生労働省によれば、亡くなるまでに男性は9年、女性は10年ほど病院通いや介護サービスのお世話になり、生活で不自由を甘受しなくてはならないという。この「ひとさまのお世話になる期間」。これが本当の意味の「老後」であり、良くも悪くもその人の人生観を映す。

私の父は２０１７年3月、83歳で人生を終えた。死因はがん。本人は心臓病で亡くなると思っていたらしい。じっさい、軽い不整脈もあった。毎朝毎晩、几帳面に血圧を測り、血栓ができないよう血液がサラサラになる薬を飲み、過度な運動を避け、大好きな酒も、ここぞ！　という時のために我慢していた。

「ここぞ！」とはたとえば、子どもが帰省した時のことで、そういうときにはいそいそと自分の部屋からとっておきのワインや地酒を持ち出し、母が腕をふるった料理を前に、かいがいしくつぎわけたりしていた。

父の自慢は、虫歯がないことだった。子どもが夜の歯磨きを済ませても父は「歯なんか磨かんでも死にゃせん」などと言って、布団からカメのように首だけ出してチョコレートをむしゃむしゃ食べていた。80歳を超えても自分の歯は優に25本はあり、健康そのものだった。

その父がある時、「歯が浮いてものが食べにくい」と言い出した。ガムを噛んでいて気づいたという。歯肉炎か何かだろうと、近所の歯科を受診した。念のためエックス線で写真を撮ったら、左あごの骨が写っていなかった。父はそのまま紹介状を持たされて大学病院を受診し、「がんの疑い」を告げられたのである。

診断名は「下顎骨・歯肉がん」。頭頸部がんの中でも珍しい方で、私にとっても父にとっても初めて聞く病名だった。下あごの骨にがんができ、それが骨を溶かして歯肉にも潰瘍を作っていた。あごの骨がないのだから、歯が浮くのは当然である。骨に放射線や抗がん剤は効きにくいことから、手術をして切除するしかないとのことだった。

日ごろから父は「がんと診断されたら治療はしない」が持論だった。知らせを受けて慌てて帰省した私と母との3人で主治医の説明を聞いても、意思は変わらなかった。

「でも、ほっといたら、口から食べられなくなるってよ」

「根治は無理でも、とりあえず手術をして、おいしいものを食べて晩年を愉快に過ごすのもありじゃない？」

母と私はつとめて明るく治療を勧めた。人一倍食いしん坊の父が、ものを食べられなくなる姿は想像ができなかったし、だいいち80歳を超えても父は働いていた。説得されて父も心が動いたらしく、不承不承、手術を決めた。

12時間近い手術が成功だったかというと、分からない。父は手術の後、嚥下障害の後遺症を背負い、長期入院を強いられた。7カ月後にようやく退院した時には、患部にがんが再発していた。退院後の最初の外来で、若い女医から「再発、ステージ4、治療はあまり意味がありません。余命は3カ月です」と告げられた。

父を見送った今、あのころのことを振り返ると胸が締め付けられる。本当にあの病院でよかったのか。セカンドオピニオンを取る間もなく手術を受けたけれど、そこまで急ぐ必要があったのか。手術を勧めたこと自体、よかったのか。

それも今となっては、むなしい逡巡だ。

がん100万人時代

国立がん研究センターによると、1年間に新たにがんと診断される人は、推計で101万4000人。日本の人口を約1億人とすれば、100人に1人。単純計算では毎日2700人以上の人が、日本のどこかで「あなたはがんです」と告げられていることになる。

がんとは、自分の細胞の一部が悪性化し、増え続ける病気だ。きっかけは、遺伝子の異常あるいはコピーミス。生物の体はたくさんの細胞からできていて、遺伝子の設計図に従って作られた細胞が随時、古い細胞と入れ替わっているが、時には思い通りにならない不良品が混じる。これががんの「芽」だ。

工場で不良品ができれば、検査の段階ではねられる。人間の体にも一定程度、免疫でがんを防ぐ仕組みはあるのだが、免疫力よりがんの勢いが強かったりすると、ブレーキがきかずに増え続け、血液やリンパを介して転移する。

がんは長生きするほど発生リスクが高まる。毎年100万人もの人ががんになっている大きな理由も、端的に言えば「長寿化」である。

救いは、医学が進歩して、がんでも簡単には死ななくなったことだ。初期の段階で見つける技術が進歩し、治療の選択肢も増えた。

がんと「戦える」程度にはなったが、人類はまだ、がんを克服できてはいない。「国民の2人に1人ががんになり、3人に1人はがんで亡くなる」

科学や医学を取材する者にとっては常識である。しかし1年半にわたる父の闘病の中で、「なぜお父さんががんに?」「なぜこんなに苦しまなくてはならないの?」という感情が何度となく首をもたげた。

記者としてたくさんの病気を取材し、患者やがんのサバイバーにもインタビューをし、がんという病気についても、がんを受け止める人たちの心境についても理解していたつもりだったが、それはやはり甘かった。私は「どこかの誰かさんの物語」としてのがんと向き合っていたのだ。

作家の柳田邦男氏が『犠牲(サクリファイス)』(文藝春秋)で論じた「二人称の死」という言葉を思い出す。柳田さんは、自死を図って脳死に至った息子さんに寄り添い、臓器提供すべきか悩んだ末、心臓停止を待って腎臓などを提供した。

考え抜いた11日間を柳田さんは「私は長いこと脳死のことをわかったつもりでいた」と振り返る。脳死の段階でその人が「死んだ」と見なし、臓器提供に向けた作業を始めることを合法化する当時の議論を「現実的な選択としてやむをえない」と受け止めていた柳田さんですら、肉親の脳死に直面し、それまでの自分が死を「三人称」でとらえていたことに気づいたという。

私はまさに同じことを、父の看取りで体験した。

「余命3カ月」を告げられた父は結局、9カ月生きた。最期の日々は悪くないものだった。仕事を辞め、母と2人、自宅で過ごした。積極的治療はせず、副作用のない抗がん剤を飲むぐらいで、通院は月に1度だけ。残された時間を、父らしいやり方で生きた。

以前のような健啖家ではなくなったが、母が作る食事を3食、時間をかけて食べた。日中はベッドから起き出して身辺整理に励んだ。

撮りためたスナップ写真から遺影を選び、それ以外に気に入った写真も引き延ばして額装した。父はオーディオが趣味だった。家を建てた時、完全防音のオーディオルームを作ったほどだ。20畳の部屋に、私の背丈ほどもある巨大なスピーカーを2組置いた。何千枚ものレコードやCD、プレイヤーからアンプまで、家1軒分ぐらいのお金を投じたはずだ。

自分が逝ったあとは、誰も使いこなせないと分かっていたのだろう、あれほど大切にしていた財産を、一切合切売り払った。一方で、告別式の時に流すBGMを自ら選んでCDに焼いた。

ある日、夕食が終わってくつろいでいた時、父が「棺で何を着ればいいかな」と言い出した。父は医者だったので、私は「やっぱり白衣じゃない？」と答えた。買い置きが手元にないというので、私はアマゾンで白衣を注文した。

「安くていいよ」「そうね、焼くだけだもんねえ」。手ぶらもなんだからと、聴診器もおまけにつけた。

初めて介護認定を受け、週に2日はヘルパーさんが来るようになった。訪問看護師、理学療法士、言語療法士、たくさんのプロが出入りして、介護を支えてくれた。

父自身、女の人がきて親切にしてくれるのがうれしかったようだ。入浴介助の若いヘルパーさんが来る日は、これから入浴というのにわざわざ自分で体をきれいにふいて、コロンまで振りかけて待っていた。

ピンピンしていて、突然亡くなるＰＰＫ（ピンピンコロリ）もいいけれど、前ぶれなく逝くと、いろいろ困る。残される者の心の準備はもちろん、本人だって身辺整理もできないし、秘密にしておきたい日記や手紙などを放置したまま逝くことになってしまう。

几帳面な父にとって、それは耐えがたいことだったと思う。がんを恨み、悔やみながらも、最期は「がんで良かった」と言っていた。何より、死ぬまでの猶予が与えられる。その間にいろんなことができる。残された者が困らないよう、遺言をしたため、葬儀の進行にまで注文をつけて旅立った。父らしい最期だった。

話には続きがある。父を送って半年後、今度は私にがんが見つかったのだ。柳田さんの「二人称の死」が、今度は「一人称の死」になって迫ってきた。

人生初の内視鏡検査

肉親をがんで亡くした人なら誰でも考えることだが、「自分もがん体質なのではないか」とふと思ったのである。

生まれてから一度も経験がない消化器の内視鏡検査を受けてみようと思った。テレビでご一緒していたフリーアナウンサーの堀尾正明さんから、評判の内視鏡医を紹介してもらった。

「胃カメラ特有のおえっ、がないんだよ」と言う。好奇心半分でそのクリニックを予約した。

4月の胃の検査では、ピロリ菌が見つかった。日本人の中高年の2人に1人以上が持っていると言われ、放置すると胃がんの原因になる。幸い、やっつける薬がある。6月に1週間断酒し、抗生物質を2種類服用して無事、退治した。

さて次は大腸内視鏡検査である。だいたい、自分でも見たことがないおしりの穴を、親以外の他人に見られるどころか、カメラを入れられるなんて恥ずかしい以外の何ものでもない。そんなためらいからずっと避けてきたのだが、ここは「乗りかかった船」である。2リットルの下剤を飲むのはちょっとつらかったが、検査に臨む時はむしろワクワクしていた。

点滴で鎮静剤を入れながらの検査が始まった。頭上のモニター画面で、「ライブ中継」が見られる。

「おや」と先生が一言発したのは、内視鏡が入ってわりとすぐだった。気になったが、カメラはまず奥へと進む。S字結腸、下行結腸、横行結腸、上行結腸と突き当たりまで行ってカメラを戻しながら、「元村さん、ここに大きいのがありますね、見てください」と先生が言った。

つるつるとした内壁に、腫瘍が盛り上がっていた。なんだかホルモン焼の店で見るシマチョウのようでもあり、ごつごつして岩のようにも見える。

「大きいですか」

「小さくないね。そうだな、3センチはある」

「先生、切っちゃってください」

先生は即座に、

「この大きさは、内視鏡じゃ取れないよ」

と言う。聞いた途端、熱い石でも飲み込んだように胸が詰まった。

「悪性ってこともありますか」

先生は答えず、内視鏡を行きつ戻りつさせながら、例のものを観察している。やがて紫色のインクをちゅっとかけて写真を撮った。

「僕はたくさん患者さんの腸内を見てきたけど、このおできは表面が不規則でしょう。これは、がんの特徴なんですね。少なくとも上の方、一部ががん化している可能性は否定できません。いずれにしても組織を取って調べてみますからね」

万事に楽天的な私も、そのときばかりは「やばいかも？」と思い始めていた。でもその一言を口にすると、さらに悪いことになりそうで黙っていた。

ところが先生は、カメラを抜きながら意外なことを言った。

「元村さん、ラッキーだよ」

「へ？　何が？」と私。

「がんだとしても、便秘とか血便の自覚症状がないでしょう。その段階で普通は内視鏡検査なんか受けないから、見つかった時には転移したりしている人が多いの。だから元村さんはラッキーです」

この一言で、少しだけ救われた気持ちになったのは事実だ。しかし組織検査の結果はきっと「クロ」だろうなと思った。

「人間ちくわ理論」というのがある。札幌医科大学の當瀬《とうせ》規嗣《のりつぐ》教授から教わった。

人体は、ごく単純にいえば、たくさんの細胞や血液や筋肉を詰め込んだ袋だ。外界と体を隔てているのは皮膚。その皮膚は唇から口へと続き、消化管とつながっている。消化管は、食道、胃、小腸、大腸などの粘膜でできている。

ちくわを想像してみよう。魚のすりみを棒状のものに巻き付けて焼き、火が通ったところで棒を抜くと、外側は堅くこんがりと、内側はつるつるしっとりの仕上がりになる。

人体も、ちくわのような構造である。いやいや体は閉じていて、口や肛門という「穴」が出入り口なのだと思っているかもしれないが、どっこい実は消化管まで含めた1枚の「皮膚」である。食べたものやうんちは、ちくわの穴に詰まった異物といっていい。

子どものころの弁当のおかずを思い出す。ちくわの穴に、細長く切ったきゅうりやチーズを詰める。おかずの隙間を、この「詰め物ちくわ」が埋めてくれていた。

熊本県には、「ちくわサラダ」というお総菜がある。ちくわの穴にポテトサラダを詰め、衣をつけて揚げたもの。熊本県物産展で見かけたので買ってみた。ちくわの歯ごたえと塩味に、ポテサラのほくほく感、マヨネーズ味が相まってうまいのなんの。ビールがススム君である。これがいま、ご当地B級グルメとして人気なんだそうだ。

考えてみれば熊本には「辛子蓮根」という名産品もある。レンコンの穴に、からしで味付けした味噌を詰め、衣をたっぷりとつけて揚げたものだ。ツンと辛くて堅くて、子どもの頃は「これのどこがおいしいのよ」と思っていたが、大人になってみれば焼酎がススム君的なつまみなのだった。材料こそ違うが、ちくわサラダとはコンセプトも調理法も同じ。

「穴があったら入りたい」というのはシャイな人の決まり文句だけど、熊本は「穴があったら詰めて揚げたい」県民性なのかひょっとして。

つまり我々が食事をするというのは、さしずめちくわの片方の穴からポテトサラダを差し込み、反対側の穴から出すようなもので、反対側から出るまでの間に、穴の内側から生きていくための栄養を吸収するということなのだ。

そして、人間は外側の「皮膚」にはとことん注意を払うが、対して内側の皮膚にはあまりにも無頓着なのではないか。内側皮膚の幸福追求権を保障しろ！　ドン！（机を叩く音）

私自身、生まれて半世紀もの間、内側の皮膚に何の注意も払わず、手入れも怠っていたわけで、はい、猛省しています。

正式に「直腸がん」の告知を受けたのは、大学病院の病室だった。「状態によっては内視鏡下で取れるかもしれない」と言われ、有休を取って某大学病院に入院した。内視鏡的粘膜下層はく離術（ＥＳＤ）と呼ばれる術式で、内視鏡の先に取り付けたメスを使い、腫瘍の根っこを少しずつはがしていく。転移がなく、腫瘍が大腸の壁の比較的浅いところでとどまっている場合に適用できる。手術といっても消化器内科の領域である。

だが医師たちは内視鏡で私の腫瘍を丁寧に観察しただけで、何もせずに手術室から出てきた。腫瘍が大きいため、無理をすると腸膜が破れてしまうこと、さらに転移の可能性もあり、内視鏡では手に負えないと判断した、ということだった。主治医は重ねて「検査の時にクリニックで採取した４カ所の組織検査はすべて悪性でした。直腸がんです」と告げた。

父の時もそうだったが、今どき、がん患者に「告知しない」という選択肢はないらしい。

もちろん「聞きたいですか？」と聞かれたら「聞きたいです」と答えるけれど、主治医はお昼に食べたサンドイッチの具について説明するぐらいの調子で私に病名を告げ、内視鏡ではなく本格的な外科手術を受けるよう指示した。

がん？　私が？　うそ。

主治医が出ていったあと、私はややうろたえつつ、消化器外科の専門医である高校の同級生に電話をした。

「病巣は肛門から何センチのところ？」

「先生によれば14センチぐらい」

「よかったね。人工肛門は避けられるよ。自覚症状がない段階で見つかったなら、手術も大がかりにはならないよ。ラッキーだったね」

また「ラッキー」である。こういうときに「よかったね」と声をかけられると、救われる気持ちになる。電話を切ったら涙が出てきた。不安と、安堵と、ごっちゃになった感情が私を包んでいた。

外科手術は、その友人が紹介してくれた病院で受けることにした。手術は腹腔鏡下で行う。直腸の大部分を切除するが、大腸本来の機能は損なわれず、排泄も問題ないだろうとの説明だった。

手術は、おへそからカメラを入れ、取り囲むようにおなかの4カ所に1センチほどの穴を開けて手術用の器具を入れる。腹壁を開き、小腸をかきわけ、子宮をよけて、一番背中に近いあたりが私の患部だ。カメラで慎重に観察しながら、あらかじめ墨で印をつけておいた腫瘍に、腸壁の外側からアプローチする。約3センチの病巣の前後、計19センチを切除しおへそから取り出す。その後、端っこどうしを縫い合わせて完了だ。

下腹部を大きく開ける開腹手術より時間も手間も熟練も必要だが、なにより患者の回復が早く、腸閉塞などの合併症リスクも低い。今では大腸・直腸がん手術の7割が、この腹腔鏡下で行われるという。

私の手術は4時間ほどかかったようだ。全身麻酔が覚めた時には、ベッドごと病室に帰ってきていた。

たくさんの機器につながれて身動きできないのが一番つらかった。水分補給は点滴経由で心配ないが、口から1滴の水も飲めないのも、これまたつらかった。

翌朝まで、時計を何百回見たか分からない。熱でぼんやりした意識の中で考えたことは、父のことだった。

「お父さんはこんな状態が半年も続いたんだ」と思った。付き添っていた私たちはこの不快感と不安に寄り添えていたのだろうか。まったくそうではなかった。同情はしても、彼に取って代われるわけではないからだ。

底抜け脱線家族

幸い、私は翌朝にはベッドから起き上がり、歩くことができた。とはいえ導尿の袋と、左下腹部の穴から差し込んだ体液排出用の袋を点滴台にぶらさげ、硬膜外麻酔の後遺症でしびれた足でヨタヨタ歩くのである。

看護師さんに「どんどん歩いて下さい。歩くほど回復も早いです」と勧められ、エレベーターで屋上に行ってみた。秋空が広がっている。

不思議なものだ。手術を受ける前、昨日の私と、今日の私は同じ私なのに、確実に死から1歩離れた。そう思うと、「生きている」という静かな感慨がひたひたとわいてきた。元気な時には決して感じない喜びである。「僕らはみんな生きている〜生きているから歌うんだ」という歌を思い出して、手のひらを太陽にすかしてみた。天国から父が見ているかしらと思った。「私、生きてるよ！」と小さくつぶやいた。

朝が来るたび、チューブや点滴の類が一つずつ減り、水が許され、おもゆが許され、やがておかゆになったころ、九州にいる母親が突然やってきた。たまたま、愛知に住んでいる兄が帰省して、一緒に朝ご飯を食べながら私の話になったという。

「かわいそうやなあ。末っ子なのにがんなんてなあ。手術は痛かったやろうな」という兄のつぶやきに、いてもたってもいられなくなり、食べかけのご飯茶碗を置いて旅支度を始めたという。

兄は驚き、「俺も行く」と食べかけのごはんに梅干しを放り込んでおにぎりを作り、母に従った。その騒動を千葉に住む姉が聞きつけ、品川で合流して病院にやってきたのは夕方4時。「なんね、元気そうじゃない」。これが母と兄の第一声である。術後とはいえ睡眠も運動も十分で、ストレスと酒にまみれた日ごろの私より元気に見えたのは当然かもしれない。

お見舞いのプリンを皆で食べながら、朝からの顚末を聞いて大笑いした。そして母は「頼むから、私より先に死なんでね。家族を見送るのはもうたくさんだから」と言った。一同がしんみりしたところでやおら「ところで今日泊まるホテル、どこか探してくれん?」と矢継ぎ早に指示を出すのだった。

底抜け脱線ゲームのような家族だが、私の元気な顔を見て心底安心したのか、「安心したらおなかが空いた。明日来るからね」と、3人で居酒屋へ繰り出していった。

生きる喜びとともに、この病気を経験しなければ決して分からないヨロコビというものがある。一つは「お通じ」である。

私はお通じがいい方で、生まれてこの方、便秘の苦しみを味わった記憶がほとんどない。手術の後、もっとも不安だったのは「一度ちょんぎった大腸が果たしてつながって、元通り出せるのか?」という点だった。

主治医の腕を信用しないわけではないが、実際にこの目で確かめるまでは心配なのである。

術後の回復とともに食事らしいものを食べ始め、毎朝「出るかな?」と思って腰掛けてみるが、それらしき固形物は出てこず、胆汁のような褐色のしずくが落ちるのみである。主治医に控えめに相談したところ「腸閉塞の兆候はないから、そのうち出ますよ」と、のんきにおっしゃる。処方してもらった整腸剤を飲み、腸の活動をうながそうと階段を不必要に上り下りしたりしながら待ち続けること数日。退院の朝になってようやくお出ましになった。

「やっと会えたね」。思わず出たその一言。出産じゃあるまいし、とツッコミたければそうなさい。それぐらい、うれしかったのだ。

もう一つは退院の翌日。主治医から連絡があり、切除部分を調べた結果、合計20カ所以上のリンパ節でがんの検出はゼロだった。

ゼロ! なんて素敵な数字。インド人が発明したというこの数字は、掛け合わせるあらゆる数字を「無」にする力を持つ。私はこの時ほど、ゼロの美しさ、気高さを実感したことはない。

一人称のがん

私の直腸がんはステージ1と診断された。転移がなさそうなので、抗がん剤や放射線治療などの補助的治療も不要で、とりあえず完治と考えていいのだという。最初に見つけてくれた医者の

「ラッキーですよ」という予想は命中したことになる。

父の死がきっかけで受けた人生初の内視鏡検査でがんが見つかり、手術で命拾いをした。がん検診不要論を叫ぶ専門家もいるが、私にとっては「検診さまさま」である。もう1年遅れていたら深刻度が増していたことは間違いない。

とはいえ、私はもう以前の私ではない。

食べること、寝ること、働くこと、旅に出ること、すべての局面において「がん」を意識するようになった。今回は退治できたが、こんな体質だから、いつまた別のがんが見つかるか分からない。生きる私の一部に、がんが組み込まれてしまったような気がする。

とはいえ、がんを克服した「がんサバイバー」として胸を張れるかというと少し違う。がん患者にもいろいろある。ステージ1の私は、柔道で言えば白帯、やっと柔道着に慣れて受け身を覚えた程度だ。もちろん黒帯を目指すわけではないが、がんと闘う心構えや「がんである私」を受け入れる境地について語るほどには、がんを知らない。がんの世界は奥が深い。

がんを一人称で経験して、何か変わりましたか？　と聞かれることがある。

確実に変わったことは、「いつか、はもうやめる」ということだ。「あとで」とか「いつか」などと、やりたいことをいろいろ先延ばししてきたが、次にそのタイミングがくる時には私は死んでしまっているのではないかと、具体的に考えるようになった。

誰だって、おぎゃあと生まれた瞬間から確実に死に向かうのだ。遅い早いの差こそあれ、いつまで生きるかなんて神様でも分からない。そんな当たり前のことを、実感を持って受け止められるようになった。

行動が、以前にも増して即断即決になってきた。「この映画はおもしろい」と人から聞いて興味がわいたらすぐに行く。芝居も歌舞伎も落語も、以前の自分なら「急用が入るかも……」などとためらっていたが、とりあえず切符を買う。急用が入ったら誰かに譲ればいいだけのことだ。

部屋に花を絶やさないようになった。花屋の店先で、自分の好きな花を、値段を気にせず選んで組み合わせる。今一番、自分を気分よくさせてくれる色と形と香りはなんだろう。値段だって知れたもの。1週間近く楽しませてくれると思えば安いものだ。

服装のセンスも変わったらしい。おしゃれな先輩から「最近、着るもののセンスがいいね。何かあった?」と聞かれた。着るものやアクセサリーや組み合わせを、他人の目ではなく、自分の気持ちに忠実に決めるようになった。

同じような状況で、同じ直腸がんを退治した同級生が、「がんサバイバーの同僚から教わった」と教えてくれた9カ条がある。

抜本的に食事を変える

治療法は自分で決める
直感に従う
ハーブとサプリメントの力を借りる
抑圧された感情を解き放つ
より前向きに生きる
周囲の人の支えを受け入れる
自分の魂と深くつながる
どうしても生きたい理由を持つ

今の自分の心持ちと重なる部分が多い。がんを経験することは、理性より霊的（スピリチュアル）な部分で、人間を少し変えるように思う。

生きてるって奇跡だ。せっかく与えられた命だから、無駄にしてはいけない。生きていれば必ずいいことがある。死を考えることは、どう生きるかを考えることだ。

そういえば、亡き父の口癖は「メメント・モリ」だった。ラテン語で「死を忘れるな」という意味である。「どうせいつか死ぬんだから」と悲観的、利那的に生きるのではなく、明日死んでもいいように今日を生きなさい、という意味だと解釈している。

尊厳死と安楽死

治らない病に冒され、痛くてつらくて孤独で、生きていても仕方がない。もしそう思ったとしても、日本では簡単には死ねない。

回復不能と診断された人が積極的治療を拒み、死期を早めるために医師の協力を得て旅立つことを、「尊厳死」「安楽死」などと呼ぶ。患者には自分の人生のしまい方を自分で決める自己決定権、いわゆる「死ぬ権利」がある――という考え方に基づく。

２０１６年夏、リオデジャネイロパラリンピックで、ベルギーの陸上選手の「安楽死」をめぐる発言が話題になった。

マリーケ・フェルフールト選手（37）。彼女は10代のころ、進行性の病気と診断され、下半身不随となった。車いす陸上の練習に励み、12年ロンドンパラリンピックでは１００メートルで金、２００メートルで銀メダルを獲得。しかし脊髄の痛みが限界を超え、選手生活を断念せざるをえなくなったという。リオ大会では４００メートルで銀、１００メートルで銅を手にし、現役を引退した。

記者会見で彼女は、母国で安楽死の許可を08年に得ており、いつでも安楽死が可能な状態にあることを明らかにした。一方で「やりたいことがまだたくさんある。日本にも行ってみたい」と夢を語った。

安楽死を世界で初めて法律で認めたのはオランダで２００１年のことだ。その後、ベルギーやフランスでも可能になった。

米国も、州によっては合法とされる。オレゴン州では尊厳死を認める法律が１９９７年、米国で初めて制定された。患者のために薬を用意したり人工呼吸器を止めたりした医師が罪に問われないよう定めている。以来、７５０人以上が尊厳死を選んでいるという。うねりは他の州にも広がっている。

日本では、国会で検討が始まっているものの、結論が出るまでには時間がかかりそうだ。「病気を治すべき医師が患者の命を終わらせることは、殺人や自殺幇助と同じ」という反対意見がある一方で、自己決定権を尊重すべきだとの考え方もある。

医療現場ではすでに、死が近い人に無理矢理人工呼吸器を付けたり、チューブで栄養補給したりする延命治療については、患者本人や家族の希望が尊重されるようになった。

「死ぬ権利」は、野放図な自殺を容認するものではない。脳死と判定された人の体から、心臓が止まる前に臓器を摘出できるとする臓器移植法のように、いくつかの条件をきちんと設定し、厳密な手順を踏まえて実施することが担保されれば、国民の側にはそれほどの抵抗はないのではないか。

フェルフールト選手は、こうも訴えた。「安楽死の許可証がなかったら、私は（生きるのがつらくて）とっくに自殺しているだろう。安楽死は殺人ではない。他の国でもタブーにせず議論してほしい」

日本はこれからますます高齢化し、少子化社会と同時に多死社会を迎えることが確実だ。年金や医療費の不足が深刻化する中で、日本の高い医療水準が、尊厳死を望む人まで無理矢理生かしているとしたら、皮肉なことだ。

受動喫煙NO

がんを経験してから、以前にもましてたばこの煙に敏感になった。通勤途中に喫煙スペースがあり、そこで吸っている人がいたら回り道をするようになった。

私の趣味は居酒屋巡りである。「日本三大煮込み」の看板を誇る店、創業130年の老舗、東京にはこうした名店が多数あるのだが、非常に残念なことに「喫煙ＯＫ」の店が多い。私は涙をのんで行くのを我慢する。

言うまでもなく、たばこはがんのリスクがずば抜けて高い。肺がんに限れば、肺がんで亡くなった人のうち男性は7割、女性は2割が「喫煙が原因」と考えられている。

「俺の体だ、死ぬ覚悟で吸ってるんだ何が悪い」

「高いたばこ税払って、自分のカネで買ってるんだ」

喫煙者のこうした主張は一定程度理解するが、じゃあたばこを吸い続けて脳卒中や心筋梗塞やがんになった時の医療費はどうなのよと私は言いたい。

さらに罪深いのは受動喫煙である。

自分で吸う煙はフィルターを通しているが、周りの人が吸い込む副流煙は、フィルターを通さないから有害物質をより多く吸い込むとも言われている。

国立がん研究センターなどの研究チームは、過去の医学論文をもとに、肺がんで死んだ人の受動喫煙の実態について、統計学的に分析した。その結果、家族がたばこを吸うなど受動喫煙環境にある人は、そうでない人に比べて肺がんになる危険性が1・3倍。受動喫煙でも肺がんのリスクが高まることがデータで裏付けられた。別の推計では、受動喫煙が引き起こす病気で年間1万5000人が亡くなっているという。

影響は健康上のものにとどまらない。たとえば家庭で父親や母親がたばこを吸えば、子どもはそういうものだと思って育ち、大人になったらまねをする可能性がある。受動喫煙の連鎖。悪い習慣を次世代に受け継がせることになる。

喫煙は文化である、という主張もある。そういう一面はある。ならば、大人の空間で吸えばいい。我が子だろうが他人の子だろうが、最低限、子どもの視界に入る場所で吸うべきではない。これは健康上、教育上のマナーである。

レストランやコンサート会場など、公共の場所での受動喫煙防止対策も、わずかずつだが進んでいる。しかし、世界49カ国が受動喫煙を法律で規制している一方で、日本は神奈川県などが条例で対応している程度だ。

数年前、自民党の部会に呼ばれた。最初に出席者全員がカレーライスを食べ、その後コーヒーを飲みながら講演を聞くという段取りだったが、カレーライスを食べ終えた議員（主におじさん）たちが、いっせいに自席でたばこに火をつけたのには心底驚いた。

昭和か？　はたまた発展途上国か？　これが先進国日本の政治の中枢の風景なのかと、タイムスリップしたような気分になった。

２０２０年の東京五輪・パラリンピックには、世界各国から大勢の選手・関係者・観客・観光客が来る。「スモークフリー（禁煙）五輪」は開催国の最低限の義務である。なのに肝心の法制化はとんと進まない。健康増進法を改正して受動喫煙防止を盛り込む場合に、その網をどこまで広げるかでもめているためだ。

現時点では「客席の面積が100平方メートル以下は対象外」が妥協案として浮上している。東京都でこれが適用されると、飲食店の9割近くが法の網の外になる。とんだザル法だ。

この問題では、見過ごせない発言もあった。自身もがんサバイバーである三原じゅん子参院議員が、喫煙可能な店で働かざるをえないがん患者の実態について自民党の部会で発言した。そこへ「(がん患者は)働かなくていいんだよ」というヤジが飛んだという。

ヤジの主は、大西英男衆院議員。これまでもたびたびヤジが問題にされている。今回も、がん患者団体などの批判を浴びて謝罪はしたが、発言の撤回はしなかった。

ファシズムは大嫌いだが、明らかに「有害」と分かっている環境汚染源を放置しておく政治家のセンスが私には理解できない。

たばこ税の元締めである財務大臣がヘビースモーカーであることを考えれば合点もいくが、たばこを値上げするだけでは足りないと思う。公的医療保険の納付額に「喫煙者加算」を作ってもらいたいぐらいだ。

花粉症

日本は法治国家である。法律っていったいいくつあるのかしらと思ってグーグルさんに聞いてみたら、あっという間に答えが出た。便利な世の中になったものだ。

ある弁護士事務所のサイトによると、２０１４年8月1日現在の憲法・法律の総数は１９２４だそうだ。何をしても何かの法律に違反しそうで怖くなる。

法律ができる過程には2種類ある。政府が提出するものと、議員が提出するものだ。議員提案の場合、前段階として、法の精神に共鳴する議員たちが集まって議連（議員連盟）を作るのが定石になっている。

たとえば……と書きかけて、どんなのがあるんだっけ？　と再びグーグルさんに聞いてみた。「議連」で検索、あっという間にウィキペディアさんが答えを出してくれた。便利だねえ。ほんの一例を抜き出してみよう。

　イクメン議員連盟
　おいしい水推進議員連盟
　大相撲愛好議員連盟

格闘技振興議員連盟
禁煙推進議員連盟
古民家再生議員連盟
せんたく議員連盟
正しいことを考え実行する会(ただしい議連)
マンガ・アニメ・ゲームに関する議員連盟(MANGA議連)

もはや私大のサークル並みのバリエーション。いったいいくつあるのかわからないが、特定の業界団体の意向を受けたものや、それこそ趣味の会もあったりして、玉石混淆である。

かつて「ハクション議員連盟」というのがあった。正式名称は「自由民主党花粉症等アレルギー症対策議員連盟」。かつて、と書いたが今も活動しているのかどうかは不明。日本人の4人に1人が悩んでいるといわれる「国民病」、花粉症の議員たちが集まり、花粉症およびアレルギー対策を本気で考えよう、という趣旨だったのだろう。

私も50歳を直前にしてついに花粉症患者の仲間入りをした。それほどひどくはないけれど、2月ごろから目がかゆかったり、鼻水が出たりして集中力を欠く。風邪以外にもマスクが手放せない自分になるとは想像もしなかった。

原因となる花粉はスギ、ヒノキ、ブタクサ、シラカバなどさまざまな植物。どの花粉が原因になるかは人によって異なるので、春だけが花粉症のシーズンとは限らない。

花粉症はアレルギー反応の一種だ。人間の体が備える免疫システムが働いている証拠ではあるが、いったん花粉症になると、根治は難しい。

花粉症患者が増えている大きな原因は日本の林業政策にある。戦後、大量のスギが植林された。復興に伴う住宅建設ラッシュで、木材の需要増に応えるためだったが、やがて安い外材が大量に輸入されるようになり、スギ林は荒廃した。林業の後継者不足から、山は荒れ放題。それが花粉症を悪化させた。

解決の糸口として開発された「無花粉スギ」は、突然変異の「花粉を出さないスギ」をもとにしている。しかし、全国のスギが無花粉スギに入れ替わるとは思えないから、結局は自分で花粉の侵入を防ぐしかない。

かつて「寄生虫でアレルギーを防ぐ」という説が話題になった。提唱者はベストセラー『笑うカイチュウ』（講談社）の著者で寄生虫学者の藤田紘一郎さんである。

藤田さん自身、健康維持のためにサナダムシを体内に飼っており、キヨミとかサトミとか名前までつけてかわいがっていた。

荒唐無稽な話ではない。１９８０年代にイギリスのストラチャン博士が提唱した「衛生仮説」。博士は、イギリスの若者に花粉症やぜんそくなどのアレルギーが増えていることに注目した。疫学的な調査から導いた仮説は「衛生的な環境で育ち、細菌やウイルスに感染したり、きょうだい同士でうつしあう経験が少ないことが、免疫機能の不調を招いている」というものだった。

そもそもアレルギーというのは、外から入ってくるウイルスやばい菌などに対して排除しようとする免疫反応が、それほど危険でないもの（花粉、ほこり、食物など）に対しても過剰に働くことで起きる。体内で免疫をつかさどる細胞のバランスが崩れると、アレルギー体質になる。その後、行われたさまざまな研究や調査はこの衛生仮説を裏付けており、「寄生虫で健康に」仮説もこれに沿うものだ。

そんな中、東京慈恵会医科大学が寄生虫を使って自己免疫疾患を治す臨床研究を始めるという。送られてきたニュースリリースを熟読してみた。

使うのは、ブタに寄生している「豚鞭虫《ぶたべんちゅう》」という寄生虫の卵。これを薬のように口から飲んで体内で孵化させ、一時的に共生する。

寄生虫感染により、腸内での過剰な免疫反応が抑えられれば、それに起因する潰瘍性大腸炎やクローン病、多発性硬化症、花粉症やぜんそくなどが改善するのではないか、というものだ。

この治療法はすでに欧米で導入され、安全性が確かめられているという。

慈恵医大での臨床研究は、アジア人を対象とする初めての試みだ。衛生面のチェックを終えてＦＤＡ（米食品医薬品局）の認可を得た卵を健康な男性に飲んでもらい、腸内環境を２カ月にわたって観察するという。

女性が対象なら志願したいところだが残念。薬では治らない病気を、忌み嫌われる寄生虫で治すというアイデア、いやはや痛快ではないですか。

生食禁止

豚肉はよく火を通して食べなさい。子どものころからの常識が、21世紀では通用しないらしい。厚生労働省は2015年、焼き肉屋やレストランで豚肉を使ったメニューについて「生食禁止」を決定した。

きっかけはその4年前にさかのぼる。生の牛肉を小さく刻んで味付けした「ユッケ」を出した料理屋で集団食中毒が起きた。その肉が、調理中に汚染されたことが原因だった。

「生肉は危ない」という声が高まり、2012年には牛レバ刺が禁止となった。ところがお店は、「それでもレバ刺が食べたい」というお客さんのために豚のレバーで代用するようになった。

豚が禁止されていなかったのは「生の豚肉をお店で出すはずがない」と考えられていたからで、禁止されていないから出していい、ということでは決してない。

豚の生肉は、細菌だけでなくE型肝炎ウイルスを含んでいる可能性がある。厚生労働省によると、牛レバ刺が禁止された２０１２年から3年間で、Ｅ型肝炎にかかった人は３７５人。最も多い原因は「豚の生肉を食べた」だった。

「フグは食べたし命は惜しし」。覚悟の上で食べるなら結構だが、商売で出してはいけない。

その常識をお客さんの方も知らない事実の方が私には怖い。特に抵抗力の弱い子どもは、大人なら大丈夫な馬や牛の刺身でも、食べさせてはいけない。

レバ刺は食べないよ、という人も安心できないできごとがあった。２０１７年8月、埼玉県と群馬県でひどい腹痛や下痢を起こした人が相次ぎ、患者の便から病原性大腸菌Ｏ１５７が出た。しかも全員が同じチェーン店で買ったサラダを食べていた。騒動は東京や千葉、新潟、長野、香川など11都県に広がった。驚いたことに、患者から出たＯ１５７は、いずれも同じ遺伝子型だった。

人間の顔つきがみんな違うように、同じＯ１５７でも遺伝子には小さな違いがあるのが普通なのに、１カ所から出た菌にしては地域的な広がりが大きく、謎は深まるばかり。

Ｏ１５７は大腸菌の仲間で、普段は動物の腸の中にいる。その便が井戸水や野菜を汚染したり、肉についた状態で人が食べると、感染して悪さをする。Ｏ１５７がついた包丁やまな板からさまざまな料理にまぎれ込んだり、感染した人がトイレのあと手を洗わずに料理をしたりしてもうつる。身を守る方法は①食べ物に菌をつけない②菌を確実に殺す③菌を増やさないこと。

ペットを触った後や、料理をする時、食事の前には必ず石けんで手を洗うのがいい。O157は冷凍しても死なない半面、熱を加えれば死ぬ。室温でばんばん増えるので、「作り置きのカレー」を食べたい人は、冷蔵庫で寝かせましょうね。

ところで、「手を洗って病気を防ぐ」という考え方は、150年ほど前までは存在しなかった。患者を診察する医者でさえ、手を洗う習慣はなかったというからびっくりする。

19世紀半ば、出産後に「産褥熱」で母親が死亡するケースが相次いだ。解明に取り組んだ産婦人科医ゼンメルワイスは「目に見えない『何か』が、医者の手から患者にうつって悪さをしているのではないか」と考えた。

仲間に呼びかけて手洗いを始めたところ、死ぬ母親が激減した。当時の医学界は「そんなことで病気が防げるものか」と半信半疑だったそうだが、それを機に手洗いの習慣が定着した。ゼンメルワイスは「感染制御の父」と呼ばれている。

ところで彼が考えた「何か」とは、細菌である。その存在がコッホによって発見されるのは、ゼンメルワイスの死後、1876年のことであった。

地球上でいちばんコワイやつ

大富豪のビル・ゲイツ氏が出資する「ビル&メリンダ・ゲイツ財団」が、興味深い調査結果を公表している。「命取りの動物リスト」とも言えるもので、人間の命を奪う動物を、世界保健機関（WHO）などのデータから集めて比較したものだ。

2016年の結果によると、もっともたくさんの人命を奪っている動物は、蚊であった。蚊が媒介する感染症で、年間推定83万人が死んでいるという。

続く悪者は「人間」で58万人。さらに「ヘビ」（6万人）、「ハエやブユなどの吸血昆虫」（2万4200人）、イヌ（1万7400人）と続く。

「殺し屋」と聞けば誰でも思い浮かべる「サメ」は、たった6人しか殺していない。いかに、蚊が危険な生き物であるかが分かるだろう。

温暖化が進み、日本列島は亜熱帯化することがほぼ確実だ。「暖かくなって過ごしやすい」などとのんきなことを言っている場合ではない。地球の平均気温が2度上昇すれば、マラリアやデング熱を媒介するヒトスジシマカが、日本列島の大半で生息できるようになる。

「蚊媒介感染症」と呼ばれる病気のうち、もっとも身近なのは日本脳炎。現在は予防注射で防げる。それ以外にも、ブラジルで流行している「ジカ熱」、欧米では「ウエストナイル熱」、アジアでは「マラリア」などがあり、毎年多くの人が亡くなっている。

海外に出かけるときに、その国で流行している感染症を調べるのは、旅行準備の「きほんのき」である。必要に応じて予防接種をしたり、万一感染した場合の対処法を調べておいた方がいい。海外には行かないから大丈夫、と油断してはいけない。国際便の機内に蚊がまぎれこみ、国内で繁殖する危険性がある。

外国を旅行中に蚊に刺されて何かの病気に感染し、それを知らずに帰国した日本人がいたとしよう。その人を刺した蚊が別の人を刺すことで、病気を媒介する可能性だってあるのだ。2014年夏には、海外旅行経験のない人がデング熱を発症した。ウイルスは人間よりもボーダーレスで動いていることを忘れてはいけない。免疫がないと、容易に感染する。治療法がないとなれば、さらに深刻だ。

西アフリカで多くの死者を出している「エボラ出血熱」は、エボラウイルスに感染することで起きる。最初の患者の出身地（ザイール・エボラ川流域）が名前の由来だ。発症すれば致死率は50％を超える。

この病気が怖いのは治療法がないこと。もとよりワクチンもない。患者のつばや血液が、目や口、傷口から体内に入るだけで感染する。看病した人が亡くなる例もあるという。

インフルエンザとの闘いも、人類は勝利できていない。ウイルスがたびたび変異するためだ。目に見えないほど小さいウイルスも、生き延びるのに必死なのだろう。

水で中毒死

一見、何の悪さもしないようなものでも、人体に予期せぬ作用をもたらすことがある。

米国で2007年、優勝者に任天堂のゲーム機「Wii」をプレゼントするコンテストで死者が出た。死因は「水中毒」。その後、遺族が裁判を起こし、主催者には巨額の賠償命令が出たという。

約225ミリリットル入りのミネラルウォーターを15分間隔で飲み、おしっこに行ったり吐き出したりせずもっともたくさん飲んだ人が優勝者となるというルール。亡くなった女性はコンテストの数時間後に頭痛を訴え、自宅で亡くなったという。

人間の体重の7割は水分、と聞いたことがあるかもしれない。ただし、正確には水ではなく、水にさまざまなミネラルがイオンとして溶けている。水を過度に摂取すると、体液が薄まり、血中のナトリウムイオンが不足する。ナトリウムは体内で筋肉の収縮や神経の情報伝達などを担っているため、呼吸などに障害が出る。

「水中毒」とは聞き慣れないが、統合失調症や自閉症の人が服用する向精神薬には口が渇く副作用があり、それをいやすために水を飲み過ぎて亡くなる人もいるという。

典型的な症状は疲労感、頭痛、けいれん、昏睡。見た目が熱中症と似ていることもあり、勘違いして水分補給をすると、さらに悪化することになる。

眠い時や疲れている時に飲むエナジードリンクを飲み過ぎた男性が死んだ、というニュースもあった。コンビニなどで誰でも買える「清涼飲料水」。これで死ぬとは驚きだ。

死因を調べた福岡大学の久保真一教授によると、この男性の死因は「カフェイン中毒」。血液中のカフェインの量が致死レベルに達しており、胃の中からもカフェインの錠剤が見つかったという。

カフェインは、コーヒーや紅茶、お茶などに含まれる成分で、眠気をさましたり心拍数を上げたりする作用がある。カフェインは体内で神経に作用し、脳が「疲れた」「眠い」というサインを出すのを妨げる。興奮するから元気になるという仕組みだ。

この男性は1年以上前から、エナジードリンクを毎日のように飲んだ上、ドラッグストアなどで買えるカフェインの錠剤も使っていたという。一般的なエナジードリンクにはコーヒー2杯分のカフェインが含まれている。飲み続けるうちに効き目を感じにくくなり、量が増えていったのだろう。

体が小さい子どもは大人より影響を受けやすい。海外の機関が定めた子ども（4～6歳）のカフェイン摂取限度は大人の約10分の1の45ミリグラム（1日あたり）。清涼飲料水に換算するとコーラ1本分だ。子どもの頃、コーヒーを飲ませてもらえなかったのはこうしたわけがあったのだ。

再生医療は希望か

iPS細胞（人工多能性幹細胞）を患者に移植する世界初の手術が2014年、神戸市で実施された。加齢黄斑変性という、放置すれば失明する病気を、網膜の再生で治すことが最終目標だ。この手術は治療の前段階の臨床研究で、副作用などの合併症がなく安全かどうかをひとまず確かめる。「夢の医療」とも呼ばれる再生医療をヒトに適用する第一例として話題になった。

人間の体を機械にたとえると、臓器や組織は部品である。おもちゃや家電なら、壊れた時に部品を交換すれば直るが、人間の場合は限界がある。

わりとたやすいのは虫歯だ。歯を削って詰め物をしたり、入れ歯で置き換えたりもできる。骨も同様で、すり減った膝の関節を人工物で置き換える手術は広く普及している。内臓はどうだ。肺や腎臓、卵巣、眼球など、二つあるものなら「残った1個で頑張ってもらう」選択肢がある。肝臓は、部分切除してもまあ頑張れる。心臓となるとかなりハードルが高い。最終的な手段は移植しかない。脳死になった人から提供を受けて移植すれば生き延びられる可能性も出てくるが、チャンスが少ない上に、拒絶反応が避けられない。

再生医療は、こうした不具合を、自分の細胞から新たに部品を作り出すことで修理するイメージだ。２００６年、京都大学の山中伸弥教授が、あらゆる細胞に変化し無限に増える特徴を持ったｉＰＳ細胞の作製に成功したことで、現実味が増した。

山中教授は２０１３年、英国のガードン博士とともに、「成熟した細胞が初期化することの発見」でノーベル医学生理学賞を受賞した。

受精卵というたった一つの細胞が、さまざまな組織や臓器に分化し、生物としてのシステムが出来ていく過程はそれだけで神秘そのものだが、いったん分化してしまった細胞は、受精卵の状態に戻ることは決してない——と考えられてきた。その常識を、この2人の研究者はかろやかに覆したのだ。

ガードン博士は１９６０年代、アフリカツメガエルを使って、このことを実証した。

オタマジャクシの腸の細胞から核の部分を取り出し、別個体の卵子の核を抜いたところに入れて観察した。驚いたことにその卵子は腸の細胞にならず、さまざまな細胞に分かれて1匹のオタマジャクシになった。腸の細胞の核に書き込まれていたはずの「腸になれ」という指令が、卵子という環境の中で初期化（リセット）されたのだ。タイムマシンに乗って過去にさかのぼり、赤ちゃんに戻ったようなものだ。

この発見に着想を得た山中教授は、卵子を使わず、体細胞に四つの遺伝子を組み込むという方法で細胞を初期化する技術を見いだした。最初はマウス、翌年にはヒトでも証明した。

当初は魔法のような技術と受け止められたが、今後の焦点はもちろん、再生医療である。カエルのように大人を子どもに戻すことはしないとしても、病気の治療が根本的に変わる可能性を秘めている。

現時点では、明日にもすべての病気が治るという段階にはほど遠い。でも、特定の病気の患者の細胞から作ったｉＰＳ細胞に、新薬の候補物質を投与して、効き目や副作用を確かめるといった応用は始まっている。患者に直接投与するより安全で、倫理的なハードルも低くて済む。

また、本人の細胞から作ったｉＰＳ細胞でなくても、移植による拒絶反応などのリスクは高くないことが分かってきた。

山中教授は、白血球の型などによって何種類かのｉＰＳ細胞をストックしておき、希望者の体質や病気によって、さまざまに加工できる「ｉＰＳ細胞バンク」の構想を掲げる。まるで夢のようだが、30年後には実現している気がする。

日本が生んだ発明が、世界の人々の命を救う日が来るだろうか。

科学記者が未来を占う

科学ジャーナリストや研究者らでつくる「日本科学技術ジャーナリスト会議」が２０１７年末、会員を対象に未来予測調査をした。

２０８０年の世界を想像して、現在発展途上、あるいは構想段階の科学技術の成果が実現しているかどうかを答えるシンプルなものだ。

生老病死にかかわるものはこんな感じ。数字は「実現している」と答えた人の割合だ。

再生医療の進歩で臓器移植の必要がなくなっている　73・6％
人工子宮が開発され、おなかを痛めず出産できる　54・7％
日本人の平均寿命が１００歳に達している　34％
蘇生可能なヒトの凍結保存が実現している　26・7％

実現してほしいかどうかという価値観は含まれていないが、科学技術の進歩は、人を生きながらえさせる方向に進み続けるであろうことは想像できる。

そもそも２０８０年に私は生きているのだろうか？　気になって、厚生労働省の「簡易生命表」で調べてみた。保険の商品みたいだけど、れっきとしたデータです。

２０１６年時点で50歳の女性（つまり私）の平均余命は38・21年とあった。つまり、平均的に生きて、私は88歳で亡くなる。死ぬのは２０５４年。とうてい２０８０年の世界を見ることはできない。もっとも、凍結保存してもらって無事蘇生できれば可能だけど。

そのことよりも、「あと38年も生きるのか私は」と気がついて、少し考え込んでしまった。

38年前の私は13歳。世間も、恋も、絶望も知らない純真な少女だった。あれから今日までと同じ時間を、年老いた体にむち打って生きていかなくてはならないわけだ。

20歳までは親のすねをかじり、50歳までは猛烈に働いた。少しばかり社会のお役には立ったかもしれないが、たいした貢献もせず、自分の食いぶちぐらいしか稼げず、子孫も残さなかった。そんな人間がこれから38年間も、地球の資源を使っていいのだろうか。

ダーウィンは進化論で「自然選択」という考え方を提示した。生命力が強い、あるいは生存に有利な形質を持ったものが生存競争を生き延び、多くの子孫を残して進化していく。自然によって、弱いものは淘汰されるという考え方だ。

しかし、この考え方だけでは説明のつかない現象もある。たとえば兵隊アリや働きバチは、自らは子孫を残さず、他個体の世話ばかりしている。

ダーウィンが残した宿題は、後に「血縁選択」という考え方で説明された。自分の血を直接受け継ぐ子ではなくても、姪や甥など遺伝的に近い個体が集団に存在すれば、その子たちの利益になるよう行動する（たとえば世話をする）ことで、「生殖しない」という生存上は一見不利益な形質も、次世代の集団に受け継がれる、という。

この考え方は、私のように生殖年齢を過ぎた独身女性には、一種の勇気を与えてくれる。姉や兄の子どもたちにせっせとお小遣いを送ったり、おせっかいにも彼らの将来を心配したりしている自分を振り返ると、自分も社会的動物の一員として生きていていいよ、と言われている気がするのだ。

さて、あと38年間、どう生きていこうかな。

おわりに

科学は、身のまわりの不可解なできごとを理解し、説明しようとする営みであり、人類は有史以来、数々の謎を解き明かしてきた。

それでもなお、多くの謎が残っている。それは、見回す範囲がより広く、あるいはより深く、対象がより小さくなっていることと深い関係がある。見れば見るほどわからないことが増えていく。そんなカオスのまっただなかに、私たちは生きている。

目の前のわからないことに対して「そうね、そうかもね、そうなってるってことね」と、おうように構えていられない人々、それが科学者である。彼らを見ていると「なぜそんなに、わからないことにこだわる?」と言いたくなるときがある。

でも、彼らの努力のおかげで、私たちは何もしないでも知の財産を受け取ることができる。そして、その知の財産から生まれた技術が、文明を進化させてきた。

20世紀は、技術の進歩がめざましい世紀だった。飛行機が、自動車が、コンピューターが生まれ、人工知能が発展する下地ができた。ヒトゲノムを解読する技術が編み出され、遺伝子レベルで生命を理解するノウハウが整った。

21世紀は、その果実のよいところと、歓迎しないところとを見極め、どうつきあうかを考えていく時代だと私は思っている。

そうした時に、科学とどう向き合うか、というスタンスは、とても大切だ。

個別具体的な成果は歓迎すべきものに見えても、それが無秩序に進んだり、積み重なることによって「歓迎すべからざるもの」になる可能性もある。

この本は、科学の世界の個別具体的なトピックを取り上げて紹介しつつ、まとめて眺めたときに、どう受け止めるかを考えるヒントになればと思いながら書いた。題名の「ミカタ」には、「味方」もあるけれど、「見方」という意味も込められている。

もちろん、私個人の「見方」なので、あなたのそれと違っていても全然いい。

「おぼつかなきもの」の章で、映画「ガタカ」を紹介した。これはディストピア映画の名作と言われている。

ディストピア（dystopia）は、「理想郷」を表すユートピアの反対語。ぴたりとはまる和語はないけれど、多くの場合、為政者による極度の管理が進んだ未来社会として描かれることが多い。

執筆の合間に、ディストピア小説の名作「すばらしい新世界」（オルダス・ハクスリー著、大森望訳／ハヤカワ文庫）を読んだ。舞台は西暦２５４０年のロンドン。「九年戦争」という破壊的な世界大戦の反省をふまえて、超のつく管理社会が実現している。

その象徴が生殖だ。人口をコントロールするために子どもは全員、体外受精を経て人工子宮で育てられる。その過程で操作を加えることで5種類の階級に作り分け、出生ならぬ「出瓶」した後も睡眠学習により、自分の身分と、この世の秩序を乱さないためのルールを条件付けられる。もはや親子関係も家族も存在しない。

成長すれば、決められた仕事をこなすだけで生活は保障され、ストレスは合法ドラッグで発散。セックスは快楽のためだけ、恋愛は自由。孤独も自殺もない。人は老いを実感する手前の60歳で死ぬよう遺伝子操作されており、寝たきり老人もいない。

そんな「みんな幸せ」な世の中に、母親の子宮から生まれ、孤独を好み、ストイックな恋愛を願う野人がほうりこまれる――という物語だ。

印象深かったのは、この世界からの追放を望む野人と、世界統制官の問答である。「だれもが恵まれている。みんな安全で、病気にかからず、死を恐れない。さいわいなことに激しい感情も、老いも知らない。母親や父親などという病に悩まされることもない」

そう胸を張る統制官に野人は「僕は不幸になる権利を要求する」と言う。晴れて追放された野人がどうなったかは本を読んでいただくとして、世界統制官が「科学は危険だ。最大限の注意を払って鎖につなぎ、口輪をはめておく必要がある」という台詞を吐くのである。

超管理社会は科学技術なしに実現しないから、統制官の発言は矛盾している。おそらく彼のいう科学とは、純粋な好奇心から謎を解明していく、いわゆる「科学的精神」のことだろう。科学の発見は時として、世界観に破壊的な変化をもたらす。そのことを警戒しているとすれば合点がいく。

この小説が書かれたのは1932年。これから科学技術が世の中を大きく変えていこうという、いわば科学礼賛の時代に、こうした視点を持っていた著者の先見性に驚く。一方で、21世紀のいま、科学の行きすぎた進歩や暴走を防ぐために「口輪をはめておく必要」がますます高まっていることを今さらながら痛感している。

この本は、2012年末に出版した『気になる科学』の続編として、その後に起きた科学まわりのできごとを取り上げた。科学技術は日進月歩なので、本を手に取るタイミングによっては古びてしまったり、否定されているネタもあるかもしれない。興味を持ったトピックについては、最新の状況をご自身で調べてみることをお勧めする。それが、あなたなりの「科学のミカタ」を育てていくと思うからだ。

図らずも管理職になってしまった。科学「記者」とは名ばかりで研究者に直接取材する機会が限られ、たくさんの本や記事を参考にさせてもらった。また、「書き下ろし」の負担に闘病も加わり、予想以上に大変な執筆作業だった。

くじけそうな私を、励まし続けてくれた編集者の藤江千恵子さんにお礼を申し上げる。そして、いつも見守ってくれる母と、病床で私の書き下ろしを楽しみに待ち続けていた天国の父に、心からの感謝と愛を込めてこの本を捧げたいと思う。

2018年3月　元村有希子

元村有希子 もとむら ゆきこ

1966年生まれ。九州大学教育学部卒業。1989年毎日新聞社入社。西部本社報道部、下関支局などを経て毎日新聞東京本社科学環境部に配属。2017年に科学環境部長。

2006年、第1回科学ジャーナリスト大賞受賞。科学コミュニケーション活動に力を入れ、富山大学、国際基督教大学などで教壇に立つが、大学で取得した教員免許は「国語」。

著書に『理系思考』『気になる科学』(共に毎日新聞出版)など。講演やテレビ出演も多数。

科《か》学《がく》のミカタ

印　刷　2018年3月15日
発　行　2018年3月30日

著　者　元村有希子《もとむらゆきこ》
発行人　黒川昭良
発行所　毎日新聞出版
〒102-0074
東京都千代田区九段南1-6-17 千代田会館5階
営業本部　03-6265-6941
図書第二編集部　03-6265-6746

装　画　羅久井ハナ
装　丁　坂川朱音(krran)

印　刷　精文堂印刷
製　本　大口製本

ISBN978-4-620-32502-6